PARA ESTAR BIEN

La vida es como tú la hagas

Encuentra tu propio camino hacia la realización

PETER BUFFETT

La vida es como tú la hagas

Encuentra tu propio camino hacia la realización

OCEANO

Diseño de portada: Nupoor Gordon
Fotografía de portada: © Tischenko Irina / Shutterstock
Fotografía de Peter Buffett: cortesía del autor

LA VIDA ES COMO TÚ LA HAGAS
Encuentra tu propio camino hacia la realización

Título original: LIFE IS WHAT YOU MAKE IT

Tradujo Enrique Mercado

Un agradecimiento especial a Taylor Mali por el permiso para reproducir un extracto de "What Teachers Make", perteneciente a su libro *What Learning Leaves* (Hanover Press, 2002), copyright © 2002, Taylor Mali.

D.R. © Editorial Océano de México, S.A. de C.V.
Blvd. Manuel Ávila Camacho 76, 10º piso
Col. Lomas de Chapultepec
Miguel Hidalgo, C.P. 11000, México, D.F.
Tel. (55) 9178 5100 • info@oceano.com.mx

Primera edición: 2011

ISBN: 978-607-400-534-9

Hecho en México / Impreso en España
Made in Mexico / Printed in Spain

9003175010911

Este libro está dedicado a
mi madre y a mi padre.

Índice

Introducción

Este libro trata de dones recibidos y dones devueltos al mundo; de expectativas y obligaciones; de familia y comunidad, y cómo nos determinan. De la vida en una sociedad que nos apacigua con comodidades sin precedente, pero que también nos perturba con ansiedades —económicas y de otro tipo—, y que demasiado a menudo nos deja vacíos y desorientados en nuestra búsqueda de propósito.

Es, en suma, un libro sobre valores: las convicciones e intuiciones que definen lo que debemos hacer durante nuestra breve estancia en la Tierra; los actos y actitudes que resultarán en una vida plena. La prosperidad económica puede ir y venir; así es esto. Pero los valores son la moneda estable que rinde las muy importantes recompensas de la dignidad y la tranquilidad de conciencia.

Este libro trata también de la identidad: el llamado, talentos, decisiones y peculiaridades que nos hacen únicos.

Valores e identidad. En mi opinión, estas cuestiones sólo pueden abordarse en forma significativa si se les considera las dos caras de la misma moneda. Nuestros valores guían nuestras decisiones; nuestras decisiones definen lo que somos. *La vida es lo que hacemos de ella.* Este concepto es simple, pero el proceso mediante el cual hacemos algo de la vida puede ser complejo y desconcertante. Expectativas y presiones externas vuelven borroso el contorno de nuestro verdadero yo. La realidad económica, para bien o para mal, desempeña un papel importante en esta dinámica, igual que la mala suerte.

Pero, en última instancia, somos nosotros los que creamos nuestra vida. Ésta es nuestra mayor responsabilidad, y nuestra mayor oportunidad. Es también la premisa fundamental, básica, de todo lo que tengo que decir en estas páginas.

Así que, ¿qué clase de personas decidiremos ser? Entre las miles de opciones que enfrentamos cada día, ¿elegiremos el camino más fácil, o el que puede darnos más satisfacción? En nuestro trato con los demás, ¿rehuiremos obstinadamente la intimidad, la honestidad y la tolerancia, o nos abriremos a relaciones firmes y sinceras? En el trabajo, ¿nos conformaremos con ganarnos el sustento —¡algo no del todo seguro en estos días!—, o apuntaremos a la meta superior de ganarnos la vida? ¿Cómo nos volveremos dignos de los diversos dones que hemos recibido? ¿Cómo aprenderemos el arte redentor de la retribución?

Las respuestas a estas preguntas sólo pueden venir de dentro de cada uno de nosotros. El objetivo de este libro se reduce a plantearlas, ofrecer un marco para la reflexión y, así lo espero, la discusión.

Pero ¿quién soy yo para escribir un libro como éste? La respuesta honesta es: *nadie en particular*. No soy filósofo, ni sociólogo, ni busco establecerme como un gurú más de la autoayuda. De hecho, mi única referencia es mi vida, una vida que me ha obligado a pensar mucho en estos asuntos.

Por suerte —lo que mi padre llama "ganar la lotería ovárica"—, nací en el seno de una familia afectuosa y comprensiva, cuyo primer y más importante don para mí fue la seguridad emocional. Con el tiempo, a la manera de una ventaja ocurrida como una sorpresa gradual y maravillosa, mi familia también llegó a ser rica y distinguida. A fuerza de trabajo, ética y sensatez, mi papá, Warren Buffett, se convirtió en uno de los hombres más ricos y respetados del mundo. Digo esto con todo orgullo filial, pero también con el humilde reconocimiento de que el mérito es *suyo*, no mío. Sean quienes fueren sus padres, es uno quien debe resolver su propia vida.

Además, como bien se sabe en Estados Unidos, mi padre tiene opiniones muy firmes sobre el tema de la herencia. Básicamente, cree que nacer en sábanas de seda puede ser una espada de doble filo: una dádiva imprudente que socava la ambición y agota el empuje, que priva a un joven de la gran aventura de buscar su camino. Él tuvo la enorme satisfacción de descubrir su pasión y dejar huella; ¿por qué habría de negar a sus hijos ese desafío y ese placer? Así que, ¡nada de grandes fideicomisos para el clan Buffett! Cuando cada uno cumplió diecinueve años, mis hermanos y yo recibimos una suma muy modesta, en el claro entendido de que no debíamos esperar más.

Y es un hecho que al final no hubo jugosos legados. En 2006, mi padre, en un acto filantrópico histórico, donó la mayor parte de su fortuna —treinta y siete mil millones de dólares— a la Bill and Melinda Gates Foundation. Estableció al mismo tiempo multimillonarias fundaciones de beneficencia, para que cada uno de sus tres hijos las administrara.

Por tanto, he aquí una ironía para ti. Hoy, a los cincuenta años de edad, me veo con la enorme oportunidad y responsabilidad de administrar más de mil millones de dólares destinados a ser donados, mientras que, para mí, sigo siendo un trabajador, un compositor y músico que, como la mayoría de sus colegas, es tan bueno como su composición más reciente y ni más ni menos exitoso que su próxima obra.

Pero eso está bien; hago lo que me gusta, algo que yo escogí, y que no habría alcanzado de otra manera. Supongo que heredé de mi padre algo más que los genes; parece que también absorbí gran parte de su filosofía.

No me malinterpretes: sé muy bien que nací en el seno de una familia privilegiada. La ventaja económica que recibí de mi padre puede haber sido relativamente modesta, pero fue mayor que la de la mayoría, y por completo inmerecida. También sin mérito alguno, he disfrutado de los diversos beneficios, con frecuencia intangibles, de un apellido famoso. Lejos de negar estas ventajas, me he pasado la vida lidiando con su significado, implicaciones y consecuencias. Para parafrasear un viejo lugar común, he tenido que aprender a aprovechar al máximo una situación afortunada.

Hay una cita famosa del Evangelio de Lucas que se tomaba muy en serio en mi familia: *Porque a cualquiera que fue dado mucho, mucho será vuelto a demandar de él.* Y estaba claro que los dones más importantes no tenían nada que ver con el dinero. Eran los dones del amor de los padres, la unidad comunitaria y la amistad cordial; de maestros y mentores ejemplares contentos de nuestro desarrollo. Eran los dones misteriosos del talento y la aptitud, la capacidad de empatía y de trabajo. Estos dones debían respetarse y corresponderse.

Pero ¿cómo? ¿Cómo corresponder dones que recibimos en forma espontánea y más o menos casual? ¿Y no sólo corresponderlos, sino también *aumentarlos*, para que rebasen nuestro reducido círculo e influyan en el mundo? ¿Cómo equilibrar ambición y servicio, las metas personales y el bien común? ¿Cómo evitar las presiones que pueden atraparnos en una vida que no es la nuestra? ¿Cómo intentar una versión de éxito definida por nosotros? ¿Un éxito basado en valores sustanciales, no en meros dólares y en la aprobación de los demás, y que cambios en la moda o una crisis económica no puedan empañar o desaparecer?

La intuición y la observación me llevan a creer que muchas, muchas personas lidian con estas preguntas. Hombres y mujeres jóvenes ansiosos de seguir su propio curso, aun si sus aspiraciones implican riesgos, sacrificios y una marcada divergencia de los caminos usuales. Padres deseosos de inculcar valores sólidos a sus hijos, para que crezcan con un sentido de gratitud y aventura, no con la pasividad petulante de quien cree merecer todo lo que tiene.

Esas personas, y muchas otras —maestros, enfermeras, líderes de negocios, artistas—, se reconocen miembros de una sociedad sin precedente en su abundancia, pero terrible en su desigualdad. Son personas conscientes, que respetan los dones que han recibido y que quieren usarlos no sólo para ganarse el sustento, sino también para hacer una diferencia. Si este libro sirve de ayuda y consuelo a los numerosos individuos que desean una vida de verdad, y retribuirla mientras tanto, yo habré cumplido mi meta.

1 Normal es a lo que estás acostumbrado

"¿**_Eres hijo de Warren Buffett?_** ¡Pero si pareces normal!"

En el curso de mi vida he oído muchas versiones de este comentario, y siempre lo he tomado como un cumplido, no para mí, sino para mi familia.

¿Por qué? Porque lo que se entiende por "normal" en realidad se reduce a esto: a que una persona pueda desenvolverse en forma eficaz y hallar aceptación entre otros seres humanos. Para decirlo de otra manera, al hecho de que alguien ha recibido una oportunidad inmejorable para aprovechar su vida al máximo.

Esta posibilidad, a su vez, sólo puede resultar de abrazar los valores sociales y emocionales que nos unen a todos. Y estos valores se aprenden —quizá sería más exacto decir se absorben— en casa.

Tales valores básicos son el fundamento de todo lo que diré en este libro. Así que examinemos un poco más de cerca algunos de ellos, y consideremos cómo se les transmite.

Casi al principio de la lista, yo pondría el concepto de confianza. En su sentido más amplio, la confianza es la fe en que el mundo es bueno (no perfecto, como cualquiera puede comprobar, sino bueno) y vale la pena intentar que sea mejor. Si tú quieres desenvolverte eficazmente en el mundo —para no hablar de mantener el buen humor— ¡es muy útil que creas esto!

La confianza en el mundo es inseparable de la confianza en la gente: la fe en que los seres humanos, por imperfectos que seamos, tenemos, en esencia, buenas intenciones. La gente quiere hacer lo correcto. Claro que muchas dificultades y tentaciones la llevan a hacer lo incorrecto. Pero hacer lo incorrecto es una perversión, una traición a nuestra verdadera naturaleza. Ésta consiste en ser buenos y justos.

No todos lo creen, desde luego. Hay quienes piensan que los seres humanos son esencialmente malos: codiciosos, competidores, inclinados a mentir y engañar. Francamente, siento lástima por los que piensan así. Vivir debe serles difícil: sostener amistades abiertas, hacer negocios sin intrigas ni sospechas constantes, incluso amar.

La creencia —la fe— en que las personas somos fundamentalmente buenas es uno de los valores básicos que nos permiten sentirnos a gusto en el mundo.

¿Dónde tiene su origen esta confianza tan importante? Debe emanar de una familia afectuosa, de donde se extiende después a una comunidad humanitaria y segura.

Yo fui muy afortunado en mi niñez. En la sociedad estadunidense, famosa por su movilidad, mi familia era notablemente estable. La casa donde crecí —una vivienda promedio, como de fraccionamiento, de principios del siglo XX, que mi padre compró en 1958 ¡por treinta y un mil quinientos dólares!— estaba a dos cuadras de donde creció mi madre. Mis abuelos aún vivían ahí. La ciudad de Omaha se tendía a nuestro alrededor, y nuestro barrio era una rara mezcla de ingredientes rurales y urbanos. Nuestra calle era una arteria importante que entraba y salía de la ciudad, pero nuestra casa parecía un granero, con ventanas de gota en el ático como las que aparecen en *The Amityville Horror* (Satanic). Sólo por diversión, acostumbrábamos sembrar surcos de maíz en nuestro pequeño huerto.

En cuanto demostré que era capaz de mirar a ambos lados antes de cruzar la calle, me dieron permiso de ir solo a visitar a mis abuelos. El espacio entre la casa de mis padres y la de mis abuelos era como una burbuja o corredor de amor. Yo recibía abrazos en los dos extremos del trayecto. Mi abuela era un arquetipo de una especie quizá en extinción: las amas de casa, y se enorgullecía de eso. Siempre estaba cocinando, haciendo diligencias o arreglando el hogar. Cuando yo aparecía, me hacía conos de helado, con pequeñas sorpresas de golosina en cada cucharada. Mi abuelo quería saber invariablemente qué había aprendido en la escuela ese día. De regreso a casa, los vecinos me saludaban agitando la mano o tocando el claxon.

¿Idílico? Sí. Pero sé muy bien que no todos los niños gozan del beneficio de un ambiente familiar sereno y comprensivo. Ellos tienen un camino mucho más largo que recorrer para aprender a confiar en el mundo.

Pero mi interés es resaltar esto: lo que de niño me permitía sentirme seguro y confiado no tenía nada que ver con el dinero ni con ventajas materiales.

No importaba lo grande que fuera nuestra casa; lo importante era que había amor en ella. No importaba si nuestro barrio era rico o no; lo importante era que los vecinos nos llevábamos bien, cuidábamos unos de otros. Las atenciones que me permitían confiar en la gente y en la bondad básica del mundo no podían medirse en dólares; se manifestaban en abrazos, conos de helado y ayuda con la tarea.

Eran atenciones de las que cada padre y cada comunidad deberían poder colmar a sus hijos.

Si la confianza es el valor básico que nos permite enfrentar al mundo con optimismo, la tolerancia es la cualidad, igualmente importante, que nos permite acometer las realidades de las diferencias y el conflicto. Seamos honestos: si toda la gente fuera más o menos igual —si no hubiera diferencias de raza, religión, orientación sexual, inclinación política—, la vida sería más fácil en cierto sentido. Pero ¡vaya, sería muy aburrida! La diversidad es lo que le da sabor a la existencia. La capacidad de aceptar la diversidad enriquece nuestra vida.

A la inversa, cada vez que caemos víctima del prejuicio o el sesgo inadmisible, reducimos y empobrecemos nuestra vida. ¿Eres de los que no creen que las mujeres son iguales a los hombres en el trabajo? Bueno, tu mundo acaba de encogerse a la mitad. ¿Tienes algún problema con los gays? Bien, acabas de privarte de diez por ciento de la población. ¿No te simpatizan los negros? ¿Los latinos? Tú me entiendes... Sigue cediendo a la intolerancia, y a la larga tu mundo sólo te contendrá a ti y a los pocos que luzcan y piensen como tú; ¡parecerá un club campestre pequeño, pretencioso y mortalmente aburrido! ¿Vale la pena vivir en un mundo así?

La tolerancia fue uno de los valores clave que asimilé en casa. Me enorgullece decir que mis padres participaron activamente en las luchas por los derechos civiles de fines de los años cincuenta y principios de los sesenta. Yo era entonces un niño, demasiado joven para comprender la complejidad y terrible historia de los temas del momento. Pero no fue necesario que me instruyeran sobre el racismo y el fanatismo; me bastó con abrir bien los ojos.

Mi madre, quien nunca tuvo miedo de decir lo que pensaba, llevaba una calcomanía en la defensa de su auto que decía: LA GENTE BUENA ES DE TODOS LOS COLORES. Una mañana descubrimos que alguien había tachado DE TODOS LOS COLORES y garabateado BLANCA. Este mezquino y tonto acto de vandalismo fue una revelación para mí. El racismo era algo que sucedía —o al menos eso creía yo— lejos, en lugares como Selma, Alabama, y que veíamos en los noticieros de la televisión. Pero estábamos en Omaha —supuesto bastión de la justicia y el sentido común—, y el racismo también asomaba ahí.

Esto fue muy decepcionante, pero me hizo aprender un par de cosas. Primero, que la tolerancia nunca debe darse por sentada, sino fomentarse activamente. Segundo, que la petulante creencia de que el prejuicio es un defecto ajeno —de los ignorantes sureños en aquel caso— es en sí misma un prejuicio. Muchos en el Medio Oeste compartíamos esa mancha.

Aunque el racismo ha sido la prueba de tolerancia más drástica en mi vida, no es en absoluto el único terreno donde aún hay camino por recorrer y lecciones por aprender.

Mi madre también se empeñó en imbuirnos de tolerancia religiosa. Cuando yo era adolescente, ella me llevaba a Iglesias diversas, para que pudiera experimentar varias modalidades de culto. Fuimos a una iglesia bautista del sur, en la que un incitante pastor enfebreció a la feligresía con sus interpretaciones de la Escritura; mujeres de uniforme blanco en los pasillos atrapaban y atendían a quienes se desmayaban, extasiados. Fuimos a una sinagoga, cuyo idioma desconocido y antiguos rituales me inspiraron un temor reverente distinto, pero de igual categoría. En casa teníamos libros sobre las grandes religiones orientales, el budismo y el hinduismo.

La lección inalterable consistía en que cada uno de esos sistemas de creencias era un acercamiento sincero y válido a lo espiritual. Ninguno de ellos era "bueno". Ninguno "malo". Todos eran intentos humanos —y, por tanto, aproximados e incompletos— de relación con lo Divino. Merecían respeto. Antes que dividir a la gente, creía mi madre, la religión debía unirla en su búsqueda común de significado y trascendencia.

Mi madre era tan constante y apasionada en su promoción de la tolerancia que di en llamarla Dalai Mama. Si ella hubiera podido llevar su prédica a Medio Oriente (y alguien la hubiera escuchado), ¡hoy el mundo sería mucho más pacífico!

Estas actitudes de mi familia ante la religión y la raza formaban parte de un énfasis más general en la importancia de una mente abierta. Siempre había que mostrar respeto por los demás, y por las opiniones discrepantes. Siempre había que intentar comprender el lado contrario de una discusión. Esto era un imperativo moral, pero también intelectual: entender el punto de vista opuesto era un modo de espabilar la mente.

Mi madre había tomado clases de debate en la preparatoria. Le encantaba la discusión fogosa pero civilizada, y la cocina de los Buffett era un lugar muy animado.

Mi hermano, Howie, mayor que yo, también era polemista. Esto me causó mucha frustración de chico. En nuestras discusiones en familia, él siempre parecía más ágil, más persuasivo. ¡Sabía más palabras! Términos como *no obstante* y *a la inversa*. Pero aunque yo solía sentirme vencido y apabullado en los debates, aprendí una valiosa lección, que me permitió sentirme más seguro y relajado en esos intercambios (¡y hasta en discusiones!): nadie *gana* una conversación, y nadie pierde tampoco.

Puedes ganar un partido de tenis. Puedes perder un juego de beisbol. Pero las discusiones no son así. Su propósito es intercambiar ideas, evaluar los méritos de puntos de vista diferentes. Si acaso, el que "pierde" la batalla de las palabras en realidad la "gana", ya que aprendió más de la transacción.

Esto me lleva a otro de los valores básicos de mi familia: la ardiente fe en la educación.

Se impone un distingo. Gran parte de lo que hoy se llama "educación", aun en el nivel universitario, más bien es propio de la naturaleza de la capacitación laboral. Una carrera particular es un pasaporte a un título particular, y éste un pasaporte a su vez a una profesión particular. Como la persona práctica que soy, no estoy contra eso. Si tú ambicionas ser banquero de inversión o consultor gerencial, desde luego que una maestría en administración de empresas es la vía más lógica a seguir. Estudiar ciencia política como preludio a la escuela de leyes tiene pleno sentido.

A lo que voy es que esa enseñanza relativamente estrecha y orientada a metas es sólo un aspecto de lo que realmente significa la educación, y ni siquiera el más importante. La vida es lo que hacemos de ella; y si queremos que sea lo más rica, grata y lograda posible, debemos esforzarnos en aprender de *todo*: no sólo lo que necesitamos para ganarnos la vida, sino también los innumerables temas en la periferia de nuestra especialidad.

El saber libresco es sin duda una parte —maravillosa— de esa educación más amplia. Ésta es una convicción que asimilé principalmente observando a mi abuelo, quien me enseñó cuánta serenidad y dicha puede haber en sentarse a leer en paz. Aún lo recuerdo relajándose en su sillón reclinable, los pantalones casi hasta la barbilla ¡y su dentadura casi siempre en un vaso a su lado! Era el erudito de la familia, y por influencia suya, por ejemplo, estudié latín en la secundaria.

¿Servía *de algo* estudiar latín? En realidad no. Pero era bueno conocer esta materia, un eslabón con la historia y tradiciones de nuestra cultura. En otras palabras, eso formaba parte de la educación por la educación misma. Y hacer mi tarea de latín en compañía de mi abuelo —consultando ambos las últimas páginas del libro para buscar las palabras que no sabíamos— era un maravilloso ejercicio de unión familiar.

Pienso que, en última instancia, la educación se reduce a satisfacer nuestra curiosidad. Así, una de las mejores cosas que los padres pueden hacer por sus hijos es mantener viva su curiosidad. En mi casa, esto se hacía mediante la conversación variada y el frecuente consejo de investigar. Cuando yo tenía dudas, o una discusión o trabajo escolar exigía más información, me enviaban a consultar nuestra *World Book Encyclopedia*, o nuestro inmenso archivo de números atrasados de *National Geographic*.

Debo añadir que, en esos días antes de Google, cuando uno investigaba algo, ¡investigaba de verdad! De chico pasé mucho tiempo a gatas buscando la revista con el artículo sobre "Aves del este de África" o "Pueblos del Amazonas". Investigar era perseguir un tesoro. Como en toda persecución, en ésta había suspenso y aventura, y reconocimiento y satisfacción al encontrar por fin el tesoro. Puede ser que un par de clics en un buscador sea más eficiente, pero quizá no tan satisfactorio. Yo solía terminar llevándome a la cama varios volúmenes de la enciclopedia, para leerlos por puro gusto. Sus breves pasajes sobre personas, lugares o cosas me fascinaban hasta lo indecible.

Otra forma en que mi familia subrayaba el valor de la educación era interesándose vivamente en mi escuela. Muchos padres, a mi juicio, ven la escuela de sus hijos como una misteriosa caja de ladrillos en la que desaparecen de ocho a tres todos los días, pero que no tiene mucho que ver con *ellos* como padres. Mientras la boleta de calificaciones esté bien, y no se reporten problemas de disciplina, los adultos guardan distancia. Claro que está el ocasional día de visita o la junta de padres de familia; pero demasiado a menudo éstas son meras formalidades, ¡si no es que auténticas torturas para todos los involucrados!

Mi madre veía las cosas de otra manera. A veces aparecía en mi escuela primaria, y continuó haciéndolo en mi preparatoria. (Sabía cómo lograrlo: ¡ella había estudiado en esos mismos planteles!). Se sentaba en silencio al fondo del salón, observando al grupo, viendo qué se enseñaba, y cómo. Su gran interés me enorgullecía, y me hizo entender que mis estudios eran importantes. No se restringían a las calificaciones que yo llevaba a casa varias veces al año, sino que concernían a lo que efectivamente aprendía cada día. Si más padres prestaran verdadera atención a la educación de sus hijos, más niños saldrían de la escuela con su curiosidad intelectual y apetito de conocimiento intactos.

Los estudios y el saber libresco son partes importantes de la educación, por supuesto; pero, en mi opinión, no las esenciales. Claro que para cosas técnicas como física o estadística, nada sustituye el estudio formal. Pero vistos desde una perspectiva más amplia —la de que nuestra vida sea lo más rica y gratificante posible—, libros y escuelas son quizá los instrumentos de la educación, mas no su sustancia.

La sustancia de la educación tiene que ver con la comprensión de la naturaleza humana: tanto de lo más recóndito de nuestro corazón como de los motivos y anhelos de personas muy distintas a nosotros. Esta educación no proviene de enciclopedias o revistas viejas y polvorientas, como tampoco de Google. Resulta de un trato respetuoso a una amplia variedad de personas. Resulta de escuchar atentamente.

De todas las maneras en que mi madre me inculcó el valor de la educación, tal vez la más profunda sea ésta: me enseñó que todos tienen una historia digna de ser escuchada. Esto es tanto como decir que todos tienen algo que enseñarnos.

Durante mi infancia, mi madre se empeñó en que yo conociera tantas personas e historias como fuera posible. Cuando era chico, hospedamos a estudiantes en intercambio de varios países africanos. Un estudiante checo vivió con nosotros un tiempo. En casa siempre había visitas de otra parte de la ciudad u otro lado del mundo. A veces, cuando yo llegaba a casa de la escuela para comer, hallaba a mi madre enfrascada en una conversación con un huésped de África o Europa. Ella acostumbraba sondear, a su delicada pero incisiva manera. ¿Cómo se vivía en ese país? ¿Qué dificultades tenían, qué conflictos? ¿Cuáles eran sus ambiciones y sus sueños? ¿En qué creían?

Antes siquiera de que yo pudiese entender las respuestas, asimilé la lección de que ésas eran las preguntas importantes.

Deseo ocuparme ahora de otro valor básico que aprendí de mi familia. En términos del aumento de la dignidad propia, podría ser el más importante de todos, y agradezco en especial a mi padre que me haya hecho ver su relevancia.

Me refiero al desarrollo de una ética personal de trabajo.

Pero dediquemos un momento a definir la ética de trabajo de la familia Buffett, así como lo que ella *no es*, lo cual es igualmente importante.

Algunas personas creen que tener una ética de trabajo equivale a aceptar matarse sesenta u ochenta horas a la semana en un puesto que no les apasiona, y que incluso detestan. Aquí la idea es que el esfuerzo inmenso, la abnegación y el tiempo que el reloj registra son, por algún motivo, intrínsecamente virtuosos.

Pero perdóname: eso no es virtud, ¡es masoquismo! En algunos casos es también, paradójicamente, señal de holgazanería y falta de imaginación. Si eres tan trabajador, ¿por qué no usas parte de ese esfuerzo y algunas de esas horas en buscar algo que de veras te *guste*?

Para mi padre —y ahora para mí—, la esencia de una ética de trabajo válida comienza por aceptar el reto de conocerse a uno mismo, buscar algo que sea del gusto personal, a fin de que el trabajo —aun si es arduo y difícil, o especialmente cuando lo es— se vuelva divertido, e incluso sagrado.

Cuando yo era chico, mi padre trabajaba primordialmente en casa. Pasaba muchas horas en su despacho —un cuarto pequeño y tranquilo junto a la recámara que compartía con mi madre— estudiando libros enormes y misteriosos. Luego supe que eran del tipo de Value Line y Moody's: análisis estadísticos detallados de miles de compañías y sus acciones. Pero aunque los asuntos que él estudiaba eran esencialmente pragmáticos, ponía en eso una concentración que rayaba en lo místico. Es probable que sus "Escrituras" constaran de cosas como índices de rentabilidad y desglose de resultados administrativos, pero fácilmente podría haber sido, también, un rabino estudiando la cábala o un monje budista cavilando en *koans* de la doctrina zen. Así de intensa —de pura— era su atención. No exagero al decir que, cuando trabajaba, entraba en trance, en un estado alterado. Al abandonar su despacho, con su habitual conjunto de pantalones caquis y suéter raído, lo rodeaba una calma casi angelical, de alguien cuyo ego se ha fundido por completo con su tarea.

Es de sobra sabido que el esfuerzo físico extremo promueve la liberación de sustancias llamadas endorfinas, drogas naturales que nos hacen sentir bien y con la propiedad de eliminar el dolor, retardar el paso del tiempo y procurar un plácido estado de bienestar. La sensación que mi padre transmitía cuando se sumergía en el trabajo indicaba que su esfuerzo *mental* extremo también liberaba endorfinas. Al observarlo en esos momentos, aprendí una simple pero profunda lección: el trabajo debe ser agotador e intenso, *y debe hacernos felices*.

¿Qué había en la forma de trabajar de mi padre que le permitía mantenerse animado de cara a largas horas y decisiones extenuantes? Ante todo, que en realidad no trabajaba por dinero. Éste llegaba a la larga, lo que constituía una confirmación muy grata de que el modo de mi papá de ver los negocios era acertado. Pero el dinero era un subproducto, una ocurrencia tardía. Lo que importaba era la *sustancia* del trabajo: que mi padre ejerciera su curiosidad ilimitada, probara sus análisis contra los resultados efectivos, viviera la aventura de descubrir valor y nuevas posibilidades.

Si él hubiera trabajado principalmente por dinero, sus esfuerzos habrían terminado pronto en rutina, en un empleo. Lo que lo ha mantenido despierto y ocupado todos estos años es el desafío intelectual, el juego serio y trascendente. La parte de eso que es nueva cada día.

Esto me lleva a otra observación sobre las nociones equivocadas de algunas personas acerca de lo que es una ética de trabajo válida.

Hay quienes *creen* hablar de una ética de trabajo cuando en realidad hablan de una ética de riqueza. Dicen tener en alta estima la laboriosidad, la disciplina y la perseverancia, pero lo que en verdad respetan no son esas cualidades, sino la riqueza a la que éstas conducen en ocasiones. Tales personas honran los beneficios, no el proceso.

Muchos argumentos morales y filosóficos podrían oponerse a esa inversión de valores. Pero yo prefiero ofrecer una objeción puramente práctica: el problema de honrar las recompensas del trabajo antes que el trabajo mismo es que las recompensas nos las pueden quitar en cualquier momento.

Todos los que hemos pasado por periodos económicos inciertos lo sabemos muy bien. ¿Un individuo es un éxito un día y un fracaso al siguiente sólo porque, sin que él tenga la culpa, su compañía cerró? ¿Un empresario brillante es de repente un perdedor porque cambiaron las condiciones de los mercados mundiales?

¿Por qué la gente habría de apostar su dignidad a factores tan fuera de su control?

Una ética de trabajo sensata y duradera no hace énfasis en recompensas caprichosas, sino en el trabajo mismo; en la pasión, atención y seriedad de propósito con que se le aborda.

Estas cosas no nos las puede quitar nadie.

2 Nadie merece nada

Nadie pide nacer.

Nadie elige a sus padres ni tiene voz en las circunstancias de su nacimiento.

Una vida puede empezar en una recámara cómoda y acogedora en un suburbio estadunidense o en una estera en una choza de adobe en el oeste de África. Los padres podrían ser residentes de un *penthouse* en Park Avenue o personas sin hogar que apenas sobreviven en un parque público. Estar sanos o infectados de VIH. Ser atletas y letrados o adictos al crack y criminales. Ser una pareja comprometida para la que la paternidad será uno de los momentos culminantes de su vida o virtuales desconocidos en una cita, totalmente indiferentes a las consecuencias de sus actos.

La gama de posibilidades es prácticamente ilimitada, y desde luego que estas casualidades del nacimiento afectarán a esas nuevas vidas en forma profunda y complicada. Pero permíteme decir algo que, aunque obvio, suele pasarse convenientemente por alto.

Los hijos de padres buenos en circunstancias favorables no merecen ningún crédito por esta situación. Por su parte, los hijos de padres malos y en la pobreza tampoco merecen reproche alguno. ¿Cómo podrían merecerlos? No somos siquiera espectadores inocentes, y menos aún partícipes activos, cuando se juega la lotería de nuestro nacimiento; ¡ni siquiera existimos todavía!

Es obvio, entonces, que nadie merece nada al iniciar su vida. Nadie *merece* ser rico o pobre, privilegiado u oprimido, sano o inválido. Nadie *merece* padres buenos o malos. Esto sucede por casualidad al comienzo de la vida. No es justo ni injusto; simplemente *es*.

Esa casualidad es un poco difícil de tragar. En uno de los extremos del *continuum* de la suerte, quienes se llevaron una violenta sacudida al empezar a vivir tienden a sentir un rencor comprensible pero improductivo, la amarga sospecha de que el universo no está a su favor. En el extremo de la buena suerte del espectro, suele suceder algo más extraño aún. Contra toda razón, contra las reglas fundamentales de la lógica, la gente cree haber nacido rica o bella porque lo merecía. Evidentemente, esto no tiene sentido, pero ella tiende a creerlo de todas maneras. Le halaga.

A su debido tiempo consideraremos los motivos y consecuencias de esta falsa creencia. Por ahora, permitamos que la falta de lógica hable por sí misma.

La verdad es que la casualidad rige cuando la vida comienza. Aceptar esto es, creo yo, el principio de la humildad, y el punto de partida realista para aprovechar al máximo la vida que cada uno recibió.

Como ya dije, de chico me alentaban a investigar. Este hábito me siguió a la vida adulta, y a veces me descubro analizando lugares comunes sólo para ver si existe algo nuevo por hallar en su definición, un indicio más profundo de nociones y conceptos que tendemos a dar por sentados.

Lo que aprendí sobre la palabra merecer (*deserve* en inglés) es que se deriva del francés antiguo y ha estado en uso en el inglés desde el siglo XIII. Según el diccionario, su definición es: “Ameritar, estar calificado o tener derecho a… por cuenta de actos o cualidades propios”.

¡Ajá! ¡Eureka! *Por cuenta de actos y cualidades propios.*

En otras palabras, se merece haciendo méritos. Esto no tiene nada que ver con las circunstancias del nacimiento, sino con lo que hacemos con esas circunstancias.

De chico yo notaba a veces que mi madre se irritaba un poco cuando la palabra *merecer* salía a relucir en la conversación. Nunca entendí por qué le molestaba; ahora creo saberlo. Esa palabra no sólo se usaba en forma inexacta, sino que reflejaba además un sesgo inconsciente: que algunas personas merecían naturalmente éxito, felicidad o reconocimiento, y otras no. Esta idea la ofendía, y a mí me ofende también.

En la generosa opinión de mi madre, si *alguien* merecía buena suerte, entonces *todos* la merecían. Y como era obvio que en el mundo real la buena suerte no estaba repartida en forma equitativa, quizá la noción entera de "merecer" estaba fundamentalmente errada.

Así que me gustaría proponer una distinción que, a mi juicio al menos, se ha vuelto crucial: hay una diferencia enorme entre *merecer* la buena suerte y *volverse digno de* la suerte que nos ha tocado. Merecer es algo que nos sucede, o tal vez sencillamente algo que imaginamos; volvernos dignos de cierta cosa es algo que *hacemos*.

Para decirlo de otra manera, podemos ganarnos nuestra suerte *luego* de haberla recibido. ¿Cómo? No considerándola un derecho, sino una oportunidad de propagar la buenaventura; no viendo nuestras ventajas como una dispensa del trabajo arduo y el reto personal, sino como un acicate para nuevas realizaciones.

Déjame sugerir una analogía. Como toda analogía, ésta es imperfecta, pero espero que haga eco y contribuya a aclarar lo que quiero decir.

¿Conoces la idea calvinista de la "gracia manifiesta"? Básicamente, el concepto es que Dios concede a ciertas personas una gracia especial; pero como conocer la voluntad divina es imposible, no existe una manera *directa* de saber quién tiene ese don especial y quién no. Así, la gracia sólo puede inferirse de lo que alguien hace en el mundo. Haciendo bien y haciendo el bien, una persona demuestra que ha poseído esa gracia especial desde el principio. Tal vez esta lógica sea circular, pero, en términos éticos, los resultados son igualmente válidos. La gente se conduce de modo honorable y generoso para probar que es digna de la gracia que presumiblemente recibió.

Pues bien, si sustituimos "Dios" por una noción más ecuménica del Universo y dejamos de lado los preceptos de cualquier religión en particular, nos acercaremos a lo que quiero decir. Ventajas seculares como tener padres cariñosos y atentos y seguridad económica son, de hecho, una especie de gracia, un don concedido sin mérito propio. Este don se vuelve significativo —verdaderamente nuestro— sólo en la medida en que hacemos algo con él, en que lo devolvemos al mundo.

¿Qué hacer con la ventaja inicial que se nos dio? ¿Cómo cuidar y honrar los dones que recibimos, para poder retribuirlos de algún modo, más que despilfarrarlos? ¿Cómo mostrar nuestra gratitud?

Aunque parece perfectamente claro que nadie merece el comienzo particular que tiene en la vida, siempre habrá petulantes que, por alguna razón, se crean con derecho a su buena suerte. Estas personas a veces invocan a Dios para justificar su elevada condición, como si la Providencia no tuviera nada más importante que hacer que mimarlas y singularizarlas. Otras veces apuntan a la herencia, como si un antiguo antepasado que compró terrenos o fundó una compañía tuviera una relación directa con su propia valía. Otras más, parece que esas personas petulantes no han pensado siquiera en los caprichos de la fortuna que las favorecieron; la suerte siguió su curso, así que ¿por qué cuestionar el proceso?

Probablemente todos conocemos individuos así. Pueden ser los esnobs (y, a veces, los tramposos) de la escuela; los simuladores engolados pero inútiles del trabajo, personas que creen que pueden sustituir la laboriosidad por la habilidad política. Tienden a ser los groseros en el campo de golf; en el tenis, suelen mostrar buena condición y poco espíritu deportivo. En la amistad son a veces muy divertidos, y demasiado informales.

En suma, son personas a las que sus ventajas de nacimiento han echado a perder, porque no han sabido ganárselas.

Sin pensarlo mucho, es fácil que las envidiemos, si valoramos lo que en apariencia las define. Suelen tener buenos modales y autos de lujo. Pasatiempos elegantes, como vela y equitación. Aun cuando no parezcan especialmente brillantes o inteligentes, a menudo tienen referencias de las escuelas correctas, y amplios contactos que pueden facilitar su acceso a los negocios o a una profesión. Mientras la mayoría de la gente tiene que abrirse difícilmente paso por la existencia, estas personas parecen patinar por ella. Seguras de sus prerrogativas, con un modo despreocupado de ver la vida, semejan navegar tranquilamente y conseguir lo que desean.

Envidiable, ¿no?

Quizá no tanto, si lo examinamos un poco más de cerca.

Más allá de la piel impecable y refinadas maneras de muchas de esas personas privilegiadas, parece faltar algo. Su supuesta seguridad resulta endeble y quebradiza; en absoluto verdadera, sino simplemente el hábito de *aparentar* que controlan las cosas. El disfrute un tanto maniático de sus juguetes —autos, yates, casas de campo— es en realidad una compensación imperfecta de cosas más valiosas, sutiles y elusivas: un propósito en la vida; el conocimiento y aceptación de sí mismas; un vínculo significativo entre lo que *tienen* y lo que anhelan de corazón.

Pero, sobre todo, ese encanto seductor y ese moderno cinismo suelen resultar una máscara complicada, pero al final ineficaz, de su falta de dignidad. *Sólo puede ser digno quien se hace merecedor de sus recompensas*. Esto es absolutamente esencial. Y muchas de esas personas privilegiadas pero vacías han sido privadas de esa aventura difícil pero redentora, muchas veces sin culpa suya. Su familia les dio una vida llena de lujos, pero limitada. Mi papá diría que nacieron bajo una espada de doble filo.

Ningún padre quiere privar a su hijo o hija de una oportunidad inmejorable de llevar una vida plena y satisfactoria. Ninguna madre quiere impedir que su hijo busque su dignidad y realización personal. ¿Por qué, entonces, tantas familias bienintencionadas se equivocan?

Esto se debe en parte, creo yo, a que las dificultades y peligros específicos que enfrentan las familias acomodadas no se toman suficientemente en serio. Todos sabemos que el dinero no compra la felicidad, ¡pero, sin decirlo, muchos piensan que la felicidad tampoco compra el dinero! En general, es más fácil satisfacer algunas necesidades de la vida si se tiene dinero; pero esto no justifica creer que el dinero resuelve todos los problemas o mitiga las penas. Y seamos honestos: también es cierto que, en una época en la que tantas familias apenas si pueden llegar a fin de mes, resulta un poco difícil despertar compasión por los hijos de los ricos.

Dicho esto, es un hecho que los hijos e hijas de hogares adinerados encaran desafíos y riesgos particulares. Estos problemas son reales; son válidos; pueden no tener que ver con las necesidades básicas de sobrevivencia de un techo sobre la cabeza y comida en la mesa, pero decididamente no son triviales.

Muchos estudios clínicos lo confirman. Hace poco tropecé con uno de ellos, de la doctora en psicología Madeline Levine, autora de *The Price of Privileges*. Con base en un estudio efectuado en 2007, la doctora Levine concluyó que de treinta a cuarenta por ciento de los adolescentes de hogares adinerados en Estados Unidos experimentan síntomas preocupantes de trastornos psicológicos. De las adolescentes de esta muestra demográfica, veintidós por ciento sufren depresión clínica, tres veces más que el promedio nacional. De diez a quince por ciento de las que sufren depresión acaban suicidándose.

Como se ve, esto es serio. Pero aun en aquellos casos en que los problemas no cruzan el umbral clínico y las consecuencias no son tan drásticas, las dificultades suelen ser perjudiciales. ¿Qué errores cometen los padres para infligir a sus hijos esos daños involuntarios?

En esencia, creo, tales errores se dividen en dos grandes categorías. La primera es sustituir el amor por dinero.

Se ha escrito mucho sobre este tema en manuales y artículos para padres, así que no me extenderé en él. Pero quisiera entrometerme en un aspecto del problema tal vez poco debatido. Cuando padres acaudalados dan mucho dinero y poco amor, la razón suele reducirse a simple flojera y ensimismamiento.

Si llevas una tarjeta de crédito en la bolsa, es fácil comprarle un juguete a una niña. Esto la hará feliz unos minutos, y la mantendrá ocupada, lo que quizá sea más importante para cierto tipo de padres, a fin de que puedan volver a sus asuntos. Es mucho más difícil —y por supuesto más valioso— dedicar tiempo a jugar con la niña: echarse al piso, sumarse al juego, ver cómo opera la mente de la pequeña y tratar de avivar su imaginación. Esto implica participación real, no sólo una tarjeta American Express.

De igual manera, las familias con dinero y relaciones se dan el lujo de enviar a sus hijos a las mejores escuelas, pero esto es muy distinto a interesarse realmente en su educación. ¿Qué está aprendiendo Johnny en esa escuela tan cara? ¿Necesita ayuda en sus tareas? ¿Su colegiatura es un donativo para *él*, o un intento de los padres por descargarse de la responsabilidad de atención, resolución de dudas y fomento de la curiosidad que les corresponde?

Es difícil engañar a los hijos en estos asuntos. Se me ocurre que poseen una sabiduría que se pierde con la edad. Los hijos saben que el tiempo es más importante que el dinero. Los adultos, en especial cuando están en plena carrera y saborean sus años de ingresos más altos, tienden a actuar como si lo cierto fuera lo contrario. Más tarde, cuando el dinero ha dejado de ser novedoso y el tiempo se acorta, retoman su interpretación original. Pero para entonces sus hijos ya son grandes, la familia se ha dispersado y el tiempo no compartido con ella nunca se recuperará.

Esta tragedia fue atinadamente recogida hace unos años en la canción de Harry Chapin "Cat's in the Cradle". El estribillo se canta primero desde el punto de vista de un padre ocupado, y luego en voz de un hijo ocupado. "Entonces la pasaremos muy bien… entonces la pasaremos muy bien." Pero, por alguna razón, esto no ocurre jamás, y la canción termina.

El segundo tipo de error que suelen cometer los padres adinerados tiene una relación aún más directa con nuestro tema. Si la vida es lo que hacemos de ella, resulta esencial que lo hagamos *solos*.

Esto no quiere decir que no debamos aceptar ayuda ni utilizar nuestras ventajas. Pero implica muchas sutilezas y matices. Cuando una familia bienintencionada facilita demasiado las cosas a sus hijos e hijas, socava sus posibilidades de autoestima, pues los priva de los duros golpes que forjan el carácter, sobrevivir a los cuales produce una seguridad auténtica y duradera.

Uno de los principios más citados de mi papá es que un padre, si tiene los medios para hacerlo, debe dar a sus hijos "lo suficiente para hacer algo, pero no para no hacer nada". En otras palabras, una ventaja es buena; un pase gratis suele ser un flaco favor. En algún momento —y entre más pronto, mejor— ¡las rueditas adicionales deberán quitarse a esa bicicleta nueva y reluciente!

De todas las maneras en que los padres adinerados facilitan demasiado las cosas a sus hijos e hijas, quizá la más extendida es la de invitarlos a formar parte del negocio familiar, u orientarlos a una profesión en la que ya haya triunfado un pariente. Esto parece ser un favor. ¿Por qué no brindarle a Junior un puesto con seguridad laboral garantizada y paso libre a la cima? ¿Por qué no propiciar el acceso de Sis a una especialidad jurídica o médica en la que mamá ya es una experta reconocida?

Pero si pensamos un poco más en estas cuestiones, surgen preguntas inquietantes. ¿A quién se dirigen en verdad esos aparentes favores? ¿Integrarse al negocio familiar es de veras lo mejor para el hijo, o la intención es halagar la vanidad del padre? ¿Se trata de los sueños del joven o del poder del adulto e interés en su legado? ¿Y en cuanto a usar contactos profesionales para abrir camino a una hija que sigue los pasos de su madre? ¿La verdadera motivación es el deseo de ayudar a la joven, o intercambiar favores con un colega poderoso para que la madre reafirme su importancia?

¿Dónde está el límite, en otras palabras, entre ayudar a los hijos y manipularlos para perpetuar las ambiciones y prioridades propias? Hago esta pregunta a sabiendas de que un padre sólo puede contestarla en su corazón y su conciencia.

Para mis padres, la prioridad era clara. Esperaban que mis hermanos y yo encontráramos nuestra pasión, y que la persiguiéramos con toda diligencia y energía; que reclamáramos nuestra vida, y dejásemos huella en todo lo que hiciéramos.

Pero se impone una distinción. Nuestros padres deseaban eso para nosotros, no lo esperaban. Sabían que hallar la pasión personal es un proceso difícil y misterioso, que requiere libertad y sólo podría ser obstruido por la presión familiar. Así que nos alentaban a elegir solos. Además, nosotros asimilamos la lección de que lo importante no era el prestigio o potencial económico de lo que seleccionáramos, sino la honestidad y entusiasmo con que lo hiciéramos. Si yo hubiera decidido que lo que más me gustaba en la vida era recoger basura, a mis padres no les habría hecho mella verme colgado el día entero de la parte trasera de un camión. Les habría bastado con que fuera feliz en mi llamado.

¿Había presiones para que nos sumáramos al negocio familiar o siguiéramos el camino abierto por mi padre? Bueno, mi hermano, Howie, es agricultor y fotógrafo; mi hermana, Susie, educó en Omaha a dos hijos maravillosos, y yo hallé mi camino en la música. ¡Supongo que esto responde la pregunta!

¿Mi padre me habría ayudado a iniciarme si yo hubiera elegido una carrera en Wall Street (lo que en realidad consideré durante alrededor de quince minutos)? Estoy seguro de que sí. ¿Me habría dado trabajo en Berkshire Hathaway si se lo hubiera pedido? Eso creo. Pero lo que quiero señalar es esto: en cualquiera de esos casos, habría recaído en mí la responsabilidad de demostrar que sentía verdadera vocación por esos campos, y no que seguía simplemente el camino más fácil. Mi padre no me habría permitido optar por la salida sencilla. Esto no habría sido un ejercicio de privilegio, sino de disminución.

Como ya indiqué, algunos petulantes parecen dar más que por sentadas sus ventajas, ignorando convenientemente el hecho de que nadie merece nada al empezar a vivir. Esas personas sienten derechos no gratitud; si alguna vez miran a su alrededor, no ven un mundo lleno de injusticias y desigualdades, sino una situación que les acomoda perfectamente.

Esos individuos son un muy reducido subconjunto de los nacidos entre privilegios. Para ser tan petulante, uno tendría que carecer por completo tanto de percepción como de conciencia, y por fortuna casi nadie es así.

Para la abrumadora mayoría de las personas privilegiadas, la situación es más complicada y sutil. Saben, en cierto nivel, que su buena suerte es arbitraria e inmerecida, que se cuentan entre los afortunados en un mundo injusto. Quieren gozar de los privilegios que se atravesaron en su camino, lo cual es comprensible; pero, como personas conscientes, tienen dificultades para hacerlo. ¿Cómo pueden saborear sin reservas su buena suerte cuando saben que muchas otras han sido privadas de ella?

Al mismo tiempo, experimentan cierto rencor por sentirse constreñidas en el disfrute de sus ventajas. *Eh, yo no pedí nacer. ¿Es mi culpa que la vida sea injusta?*

¡Y aparte se sienten avergonzadas por sentir rencor!

Ésta es una red de emociones muy embrollada, a cuya suma total se le conoce como "culpa de los dones".

La culpa de los dones es un malestar a fuego lento que puede volver desdichada una vida de privilegio. Es la triste sospecha de que siempre se será indigno, de que nunca se será capaz de hacer lo suficiente para justificar ventajas inmerecidas. La culpa de los dones es una carga y un lastre… pero ¿sabes qué? Es mejor sentirla, y reconocerlo, que fingir que no existe.

A esto se debe que la gente petulante sufra en secreto. Que su aparente seguridad suela ser falsa, y que su despreocupación tienda a esconder vacío y amargura. Como han apuntado Freud y otros expertos, ocultamos de nosotros, sepultamos, lo que más nos molesta, y durante más tiempo. Al negar las responsabilidades que son la otra cara del privilegio, los petulantes se condenan a una vida de falsedad y desasosiego.

Si, por el contrario, reconocemos el problema de la culpa de los dones, podremos atacarlo de frente y buscar la manera de resolverlo.

3 El mito del campo de juego parejo

Políticos y líderes de negocios son muy afectos a hablar de un "campo de juego parejo".

Las oportunidades económicas deberían ser parejas. El poder político debería ser parejo. El acceso a los servicios de salud debería ser parejo, y lo mismo las posibilidades de realización en la búsqueda de la felicidad. En un mundo ideal, todo debería ser parejo.

Pero no vivimos en un mundo ideal.

Nuestro mundo es complejo, fascinante y hermoso, pero no ideal. En el mundo tal como es, ese mítico campo de juego parejo no puede ser más que una aproximación optimista. En el mejor de los casos, es una meta por alcanzar; en el peor, un lugar común vacío, como "círculo vicioso" o "tormenta perfecta", expresiones trilladas que parecen convenir a muchas conversaciones sin requerir mayor análisis ni una definición muy rigurosa.

Al igual que el círculo perfecto —o que *cualquier cosa* perfecta—, el campo de juego parejo sólo existe en la cabeza, en el ámbito de los ideales platónicos. La realidad sencillamente no es tan pulcra. En los deportes siempre habrá un equipo local y uno visitante, un favorito y el que tiene menos posibilidades. En lo negocios siempre habrá personas con mejores referencias y contactos y quienes carecen de esas ventajas. En la política siempre habrá gente con influencia y sin ella. En términos de comodidad material, atención a la salud e incluso esperanza de vida, un niño nacido en una aldea africana o en una reserva india estadunidense se las ve más difíciles que uno nacido en un suburbio de Connecticut.

Nada de esto es justo ni bueno. Debería inquietar a las personas conscientes.

Pero en esto hay una perspectiva consoladora. El reconocimiento de que el campo de juego no es parejo debería motivarnos a hacer todo lo posible para que lo sea; y esos esfuerzos por la igualdad y la justicia podrían calmar a su vez la corrosiva "culpa de los dones" de la que ya hablamos.

El imperativo moral de reconocer la injusticia de la vida e intentar aliviarla, así sea en forma modesta y reducida, me fue inculcado pronto, por mi madre. Lo hizo —como era su costumbre— no sermoneándome, sino mostrándome el mundo y dejándome sacar mis propias conclusiones.

Así como creía importante exponerme a Iglesias y tipos de culto diferentes, mi madre también juzgaba importante que yo comprendiera que la gente viene al mundo en circunstancias diferentes y bajo oportunidades diferentes. Ella tenía amigos de toda condición, y a veces me llevaba a sus visitas a partes de la ciudad consideradas "malas" o "pobres". En esos barrios vi a personas a las que obviamente también les corría sangre por las venas y con amor en su corazón y sueños en su cabeza, sólo que habían nacido en condiciones que probablemente les dificultaban mucho más desarrollar todo su potencial.

Mientras mi madre solía fijar su atención en las penurias de los individuos, mi padre siempre ha sido más del tipo de quienes tienen en cuenta el panorama general. A través de sus ojos he terminado por comprender que la desigualdad de oportunidades es perjudicial no sólo para quienes están en desventaja, sino también para la sociedad en su conjunto.

En un viaje a China con Bill y Melinda Gates, a mi padre le impresionaron los incalculables millares de personas que trabajaban en las fábricas y los campos; personas que, debido al sistema particular en que nacieron, permanecerían toda la vida en su humilde papel. ¿Cuántos empresarios, inventores e innovadores no se ocultarían entre sus filas? O, como lo dijo mi padre, "¿cuántos Bill Gates no trabajarían en esa ladera?"

¿Cuántas obras de arte nunca se crearían, cuántos adelantos científicos no ocurrirían jamás, si a personas talentosas y originales se les privara de la posibilidad de aprovechar al máximo sus dones? Es evidente que *todos* perdemos cuando se niegan oportunidades.

Bien, de acuerdo, el mundo es imperfecto, el campo de juego disparejo; ¿qué puede hacer uno al respecto? ¿Cómo ayudar a que el mundo sea al menos un poquito más justo? ¿Cómo usar nuestras ventajas para que la vida sea más equitativa con otros? ¿Y cómo nos ayudaría por su parte este proceso a sacar el máximo provecho de nuestra vida?

Hay tantas respuestas a estas preguntas como personas en el mundo. Y las hay de todas las formas y tamaños. Las grandes respuestas se llaman filantropía. Las pequeñas residen en actos cotidianos de bondad. Pero grandes o pequeñas, las respuestas *válidas* se basan, creo yo, en un par de premisas fundamentales.

La primera y más importante es que todos los seres humanos somos iguales. Esto puede parecer obvio; no lo es. Demasiado a menudo, aun personas bienintencionadas confunden las *circunstancias* de la gente con su esencia. Pero las circunstancias varían ampliamente; la esencia no. Si tú crees en la dignidad y valor de *cualquier* vida humana —¡incluida la tuya!—, deberías reconocer la igual dignidad y valor de *todas* las vidas humanas.

Lamentablemente, aparentes actos de bondad a veces se contaminan con la negativa —quizá inconsciente— a aceptar esta verdad básica. Pero si la gente se cree en cierto modo superior a la que ayuda, el resultado no es bondad verdadera, sino condescendencia.

La segunda premisa es más complicada, y tiene que ver con la humilde aceptación de los límites de aquello que podemos saber y lograr.

Sólo podemos *tratar* de ayudar a los demás; rara vez podemos estar seguros de cuánto, si acaso, ayudamos realmente. Insistir en los resultados, esperar gratitud, no son impulsos caritativos, sino egoístas. Por eso el donador más puro es el anónimo.

Además, es arrogante suponer que sabemos mejor que los demás lo que necesitan. (Ésta fue, por supuesto, la mayor insensatez de los colonizadores y misioneros europeos, quienes creyeron que podían "mejorar" la vida de los pueblos indígenas ofreciéndoles prendas occidentales, la moral y la religión occidental, pisoteando entre tanto las culturas y tradiciones locales.)

Como corolario de esto, tal vez sea una fantasía pensar que podemos saber con certeza qué constituye una "ventaja" o una "desventaja". La vida no es tan simple. Trabajamos con matices.

Permítaseme ilustrar esto con un ejemplo.

Mientras estudiaba en la New York University, un amigo mío consiguió un empleo de medio tiempo en Children's Aid Society. Procedía de una familia de clase baja. Cursaba sus estudios gracias a becas, préstamos, empleos vespertinos y trabajos de verano de tiempo completo. Aun así, se daba cuenta de que era más privilegiado que muchas personas, quienes nunca llegarían a la universidad. Su ventaja relativa no era sólo económica; tenía que ver principalmente con su origen en una familia comprensiva que concedía alto valor a la educación. Su familia lo había imbuido de la curiosidad de aprender, y de la seguridad de que podía destacar en un medio académico competitivo.

La sucursal de Children's Aid Society donde trabajaba mi amigo estaba en el East Village de Manhattan. Lejos de ser el barrio moderno y aburguesado en que más tarde se convertiría, ese sector era entonces una zona lúgubre de vecindades ruinosas, autos abandonados y colchones en llamas. Las escuelas públicas del área eran inferiores al promedio, y sus recursos se estiraban al máximo. Entre adultos y adolescentes el consumo de heroína estaba muy extendido; robos y atracos eran cosa de todos los días. Un hogar intacto era una rareza. En suma, los niños que empezaban su vida en esas circunstancias enfrentaban un campo de juego muy inclinado en su contra.

"Yo tenía un grupo de una docena de muchachos", recuerda mi amigo; "y cuando comencé a trabajar con ellos, me sentí totalmente agobiado. Pasaba muy poco tiempo con ellos —de ocho a diez horas a la semana—, y era mucho lo que esperaba lograr. Ansiaba saber contra qué luchaban, así que cometí un error que creo muy común: simplifiqué en exceso. Supuse que todas sus dificultades podían explicarse en términos de pobreza. Eso era lo que todos ellos tenían en común, ¿no?

"Pero cuando los conocí mejor, comprendí lo insuficiente de esa interpretación. Culpar de todo a la pobreza era la explicación fácil de un santurrón. Pero no atacaba las diferencias entre los chicos. Algunos se aferraban a mí como se habría esperado de niños mucho menores; tendían a ser los muchachos sin padre. Otros guardaban distancia y no parecían confiar en mí; tendían a provenir de hogares aquejados por el consumo de drogas y la violencia. Otros más parecían usar nuestro Centro principalmente como un refugio donde pudieran sentarse a leer en silencio. Otros jóvenes, cuya curiosidad había sido aplastada y su seguridad académica dañada, se habían formado la convicción de que los libros eran para mariquitas. Y desde luego estaban los alborotadores: chicos llenos de energía que siempre ponían a prueba los límites, retándote prácticamente a castigarlos."

Años después, por casualidad, mi amigo trabajó un tiempo como maestro de una prestigiosa escuela privada de Manhattan.

"¿Y sabes qué?", me dijo. "Encontré ahí muchos de los mismos comportamientos y problemas que había visto en Children's Aid."

Esta escuela tenía una misión particular. Estaba dirigida a "estudiantes talentosos de bajo rendimiento".

"Eso era una clave", recordó mi amigo, "para aludir a niños ricos echados a perder. Muchachos expulsados de otras escuelas y cuyos padres pagaban treinta mil dólares al año para comprarles una oportunidad más."

¿A qué se debía lo disparejo del campo de juego de esos muchachos? En términos económicos, era indudable que el mundo parecía inclinarse a su favor. ¿Por qué, al parecer, las cosas no eran así?

"Niños ricos, niños pobres", dijo mi amigo. "Dejé de ver lo que los separaba y me fijé en lo universal. Los padres de los chicos de la escuela cara tendían a estar obsesionados con su carrera y vida social; incluso algunos eran celebridades. Sus hijos eran muy semejantes a los muchachos sin padre de Children's Aid: sensibles, dependientes, siempre necesitados de atención y reafirmación. Los hijos de padres abusivos o desdeñosos tendían a ser bruscos y desconfiados conmigo antes de que yo dijera una palabra. Y claro, teníamos a los que ponían los límites a prueba, chicos que coqueteaban siempre con la expulsión, lo cual haría que mamá y papá tuvieran que volver a lidiar con ellos."

¿Qué aprendió mi amigo de sus experiencias con muchachos de esos diferentes extremos del espectro económico? Una de sus lecciones fue, evidentemente, que si la palabra *privilegiado* se identifica simplemente con la idea de *tener dinero*, se dejan de lado muchos matices y se ignoran muchos otros factores. Ser un buen padre, parece, podría vencer al menos algunas de las dificultades propias de la pobreza. Ser un mal padre podría dilapidar fácilmente las supuestas ventajas otorgadas a la prosperidad. No podría decirse categóricamente que uno de esos grupos de niños fuera más feliz, o estuviera mejor ajustado o más preparado que el otro para aprovechar su vida al máximo.

Mi amigo también extrajo algunas lecciones personales. "En ambas situaciones", me dijo, "llegué con deseos de ayudar, y en ambos casos resultó que tenía mucho más por aprender que por enseñar.

"De los niños pobres aprendí mucho sobre el misterio de la identidad: esa aleccionadora y ejemplar fuerza de carácter que permite a ciertas personas mantenerse impertérritas en toda situación. ¿De dónde proviene ese valor? ¿Cómo se prenden esos chicos a su optimismo? En cuanto al resto de nosotros, ¿acaso no somos unos peleles si cedemos al desaliento?

"De los niños ricos", continuó, "aprendí una lección distinta: algo sobre mí. Cuando inicié ese trabajo, sentí rencor, resentimiento de clase. Mis padres no habrían podido soltar treinta mil dólares para pagar mis estudios en una escuela privada; ¿por qué estos jóvenes sí tenían esa oportunidad? Pero cuando los conocí más a fondo —cuando vi sus vulnerabilidades y sentí su dolor—, me di cuenta de que debía abandonar esa actitud. La compasión no es real si sólo se aplica a quienes tienen menos que uno; debe aplicarse a todos los que necesitan un poco de ayuda y comprensión, es decir a todo el mundo."

Mi amigo mencionó una cosa más que aprendió en esas experiencias, tal vez la más pertinente para nuestro análisis. Salió de ellas con una mejor perspectiva y mayor aceptación de lo disparejo de su campo de juego particular. "Me percaté", dijo, "de que no hay dos personas que tengan exactamente la misma combinación de ventajas y desventajas, y, además, de que todo depende de lo que hagas con ella. Cambia un poco tu curso, y el viento en contra se volverá viento a tu favor. Sigue adelante, y al final el sol que te daba en los ojos estará a tus espaldas. De dónde vienes en la vida importa menos que adónde vas."

Dado que un campo de juego real y perfectamente parejo es un ideal imposible, y considerando que no existen dos personas con justamente el mismo contorno en su panorama personal, ¿una inclinación favorable pone en duda o disminuye necesariamente el valor de los logros personales?

Ésta es, creo, una pregunta seria, y aun atormentadora, para muchas personas con una historia privilegiada. ¿Pueden ellas creer en verdad que sus logros son suyos? ¿Su dignidad se ve comprometida por el hecho de que hayan tenido una ventaja inicial, o un incentivo crítico en algún momento? ¿Cómo pueden alcanzar la satisfacción de saber que se ganaron sus recompensas?

En terrenos en los que el rendimiento de una persona es mensurable y público, estas preguntas son fáciles de contestar. Considérese un ejemplo tomado del mundo del deporte.

Ken Griffey Jr. es hijo de un magnífico beisbolista de las grandes ligas, y gozó de toda suerte de ventajas al principio de su carrera. Desde temprana edad, adquirió habilidades de su papá; asimiló el espíritu del atleta profesional merodeando por tribunas y casetas. Entrenadores y cazatalentos no lo perdían de vista. Pero ¿y eso qué? ¿Alguien puede dudar de que cuando Ken Griffey Jr. anota un jonrón, es un jonrón suyo? Obviamente, el pasado deja de importar cuando él sale al campo, solo, y su desempeño lo define. Cuando inevitablemente llegue al Salón de la Fama, será por su excelencia y determinación.

O bien, considérese un caso del mundo del espectáculo. Kate Hudson es hija de Goldie Hawn. Aparte de heredar un hermoso rostro, creció en Hollywood, con acceso especial a agentes, productores y directores. Pero ¿y eso qué, igual? Cuando ella interpreta un papel o se para frente a una cámara, esas ventajas pasan a segundo plano. Lo único que importa es el compromiso y talento que empeña en el momento.

Hay que señalar también que todas las ventajas y contactos del mundo no bastan para garantizar el éxito en ausencia de talento y pasión. ¿Recuerdas a Nancy Sinatra y Frank Sinatra Jr.? Claro, a ellos se les abrieron todas las puertas, pero su aptitud musical sencillamente no estuvo a la altura de su famoso padre. No lo digo con desdén; los jóvenes Sinatra aprovecharon su oportunidad, y bien por ellos. Lo que quiero decir es que, en terrenos en los que el éxito y el fracaso, la excelencia y la mediocridad, son mensurables y públicos, es relativamente fácil distinguir la línea entre ventajas heredadas y logros personales.

La mayoría de nosotros, sin embargo, no operamos en terrenos tan nítidamente definidos por promedios de bateo, nominaciones al Oscar o Grammys, y aquí es donde el asunto se complica. La mayoría tenemos que decidir solos —en lo más secreto de nuestro corazón y con toda la honestidad de nuestra mente— si en verdad nos ganamos nuestras recompensas o simplemente disfrutamos de un impulso inmerecido. Pero ¿cuáles son los criterios para juzgar?

Para empezar, creo que se impone un sencillo pero crucial examen de conciencia. Al momento de elegir una carrera o senda en la vida, debemos preguntarnos si decidimos por convicción, o porque en tal opción residen nuestras ventajas. Para decirlo de otra manera, ¿realmente elegimos el "juego" que queremos practicar, o no asumimos esa decisión y dejamos que la pendiente del campo de juego decida por nosotros?

Como ya dije, yo consideré brevemente una carrera en Wall Street. ¿La habría disfrutado? Tal vez no. ¿Habría sido bueno para eso? Nunca lo sabremos. Pero lo cierto es que me habría beneficiado de una inclinación muy favorable si hubiera emprendido esa profesión. Alguien me habría contratado, así fuera sólo como un favor a mi padre. A lo mejor me habrían cuidado y preparado especialmente para ascender. ¡Habría sido difícil despedirme!

Si yo hubiera sentido pasión por la banca o la inversión; si realmente hubiera creído que vine al mundo para hacer carrera en Wall Street, quizá habría optado por eso *pese a* mis ventajas. ¡Que la gente dijera que triunfé sólo por ser hijo de Warren Buffett! ¿Por qué habría tenido que importarme? Habría encontrado la manera de obtener mis propios logros... *si* hubiera sentido un verdadero compromiso con lo que hacía.

Pero ese *si* es muy importante. Es lo que nos condena o nos redime.

En mi caso, hice un examen de conciencia y concluí muy pronto que Wall Street no era para mí. Como paso profesional, supongo que habría sido una decisión astuta, pero en el fondo la habría sentido como una rendición, un fracaso de la imaginación.

Ese examen de conciencia no incumbía a nadie más que a mí; nadie habría podido hacerlo en mi lugar. Y nadie puede hacerlo en el tuyo tampoco. Cada cual debe decidir solo dónde está su pasión, aun si esto lo conduce a una parte del campo de juego demasiado inclinada en contra suya.

4 La (ambivalente) bendición de elegir

Cuando yo era adolescente, ya había tenido largo contacto con una ética de trabajo notable: la de mi padre. También había extraído muchas lecciones de lo que concibo como la ética humanitaria de mi madre: su ilimitada curiosidad por toda clase de personas y su impertérrita determinación de relacionarse con ellas, oir su historia y comprender su vida.

Pese a todo, en cuanto a mi futuro y las decisiones que lo conformarían me sentía tan indeciso, confundido e indiferente como muchos, si no es que la mayoría, de los adolescentes.

Ni siquiera sabía si quería terminar la preparatoria, o en la forma usual al menos. Ansioso de proseguir mi vida, pensaba adelantar mi graduación y omitir mi último año.

Había cobrado vivo interés por la fotografía, el cual comenzó con un curso en el Boys Club cuando estaba en octavo grado. Los deportes no me atraían mucho; la música era uno de mis pasatiempos, pero no mi pasión todavía. Necesitaba otra actividad, algo para lo que fuera bueno y que me ayudara a su vez a definir quién era yo. La fotografía cumplió estos requisitos. En la preparatoria ya ofrecía regularmente fotografías mías a la revista escolar y el anuario; también había conseguido un empleo de verano en el semanario local. Cada día aprendía más, y la cámara se había vuelto parte importante de mi identidad.

Con este modesto éxito como antecedente, había elaborado un plan, un tanto romántico y no del todo acabado. Quería terminar anticipadamente la preparatoria y mudarme a Jackson Hole, Wyoming, donde me ganaría la vida como reportero gráfico mientras disfrutaba de la naturaleza en algunos de los paisajes más espléndidos sobre la Tierra.

Como todo proyecto de juventud, éste no era completamente descabellado. *Tenía* a mi favor algunas fotografías publicadas. *Podría* haber conseguido trabajo en un periódico e iniciado una carrera en Jackson Hole. Pero eso nunca lo sabremos, porque mis padres tenían ideas muy diferentes acerca de lo que debía hacer en esa etapa de mi vida. Sus sensatas y razonables expectativas dieron al traste con mis fantasías adolescentes.

Y esto nos conduce a áreas muy complicadas. Plantea preguntas difíciles, que quizá no tengan respuestas definitivas, ya que cada familia es distinta.

Por ejemplo: ¿qué separa la guía afectuosa de los padres del exceso de interferencia? ¿En qué momento la *ayuda* se vuelve *control*? ¿Cuánta atención paterna es demasiada, y qué cambios ocurren en ello conforme un hijo crece? ¿De cuánto margen dispone en verdad un joven para elegir su camino? ¿Cuánta libertad *debería* tener? ¿Puede haber demasiada libertad, demasiadas opciones?

En la casa Buffett, había una paradoja fundamental en esas cuestiones. No era costumbre de mis padres decirnos lo que debíamos hacer o ser. Al contrario, la lección inalterable de nuestra educación fue que podíamos ser lo que quisiéramos; que debíamos seguir nuestro corazón dondequiera que nos llevara.

Pero la vida nunca es tan sencilla, ¿verdad?

Porque, en paralelo con el mensaje explícito de que nuestras decisiones nos incumbían sólo a nosotros y de que nuestra libertad era esencialmente ilimitada, estaba un patrón de mensajes *implícitos* que tendían a orientar nuestras decisiones y circunscribir nuestra libertad. Estos mensajes implícitos adoptaban, desde luego, la forma de expectativas de nuestros padres. En toda familia las hay. Rara vez es necesario enunciarlas en voz alta.

Una de las expectativas tácitas en mi familia era que los hijos haríamos todo nuestro esfuerzo en la escuela. A mí no me presionaban para que sacara sólo dieces, pero se suponía que debía tomar en serio la escuela y esmerarme. Esta suposición no era mala, de ningún modo. Puso en marcha una dinámica positiva: "Se espera que me vaya bien en la escuela; esto debe significar que *puedo* lograrlo". Armado con esta seguridad, efectivamente me iba bien, lo que me hacía sentir muy satisfecho.

Pero esto me devuelve a mi plan juvenil de omitir mi último año de preparatoria y salir al mundo. En ese momento, el mensaje explícito —*¡Busca tu felicidad!*— chocó de frente con el implícito —*No la busques demasiado pronto... y no te saltes pasos en el camino.*

Como joven típicamente impaciente, no pude evitar ver este segundo mensaje como un freno no deseado a mi entusiasmo, una manera de coartar mi libertad. Pero después me di cuenta de que esa advertencia contenía una valiosa lección cuyos matices no había entendido. Mis padres no habían querido contenerme. Me habían aconsejado no avanzar demasiado rápido en los procesos de la maduración, por temor a que, en mi prisa, pudiera perderme de algo maravilloso. Mi vida adulta esperaba mi aparición en el futuro, para que la ocupara. Era probable que alcanzarla implicase un viaje en ocasiones accidentado, pero podría salir perdiendo si tomaba atajos.

Como sea, mi intención de dejar la escuela consternó a mis padres, hasta que por fin, a punto de terminar mi penúltimo año, mi madre intervino. Por fortuna, no me enteré de esto hasta después; si lo hubiera sabido entonces, habría podido caer en una fase de rebelión adolescente que habría tensado las relaciones familiares, y tal vez alterado mi futuro.

Esto fue lo que pasó:

Un día, en la primavera de mi penúltimo año, mi maestro de periodismo me pidió hablar conmigo en privado. Me dijo que quería que editara el anuario en mi último año de estudios, claro que reconsiderando el plan de graduarme antes. Esto fue un honor para mí; esa labor de edición me ofrecía un medio estructurado para continuar dedicándome a la fotografía. Creo que no dudé en aceptar. (Esto dice algo, por supuesto, sobre mi grado de compromiso con Jackson Hole, ¡pero así es la adolescencia!).

Durante mi último año me enteré de que, la primavera anterior, mi madre había hablado con el maestro de periodismo, y que juntos habían urdido ese plan.

¿Cómo me sentí? Bueno, el hecho de que siga pensando en esto a treinta y cinco años de ocurrido debe darte una idea de la complejidad de mis emociones.

Por un lado, sé ahora —y *quizá* lo supe entonces— que mi madre tuvo razón en presionarme para permanecer en la escuela. Y creo que mi maestro de periodismo quería sinceramente que editara el anuario.

Pero aun así... dos adultos, sin mi conocimiento, habían conspirado para alterar mi camino. Esto era desconcertante. No sabía si agradecer la intervención o molestarme por ella. En cierto nivel, es probable que haya hecho ambas cosas. Nunca dudé que esos adultos tuvieran en mente mis mayores intereses, pero su intromisión me perturbó de todos modos, e hizo surgir en mi cabeza dudas incómodas mas inevitables. El trabajo de edición fue un logro modesto... pero ¿podía estar seguro de que había sido mío? ¿Se me orientaba delicadamente a mi destino o —de nueva cuenta con las mejores intenciones— se socavaba mi búsqueda de mí mismo, y la reclamación de mi existencia?

Si alguien espera una conclusión clara o definitiva de esta anécdota, le ofrezco disculpas; no la tengo. Esta historia plantea preguntas sin respuestas fáciles. Casi lo único que puede decirse con certeza es esto: es difícil ser padre y difícil ser hijo, e imposible ser perfecto en cualquiera de ambos roles. (De hecho, ¡es quizá cuando la gente intenta ser perfecta que ocurren cosas como la hipocresía y los colapsos nerviosos!) Las mamás y papás cariñosos siempre sentirán el impulso de inmiscuirse en el desarrollo de un hijo; a veces, ineludiblemente, se pasarán de la raya. A los hijos siempre les irritará lo que experimentan como intromisión de los adultos, aun si se encaminan a una mala decisión. Así es la vida.

Pero se me ocurre que lo que importa en estas inevitables controversias entre padres e hijos no es el choque de voluntades que las provoca, sino las decisiones y nuevos acuerdos que producen. Nunca sabré qué habría sido de mí si me hubiera marchado a Jackson Hole.

Pero lo que *sé* es que quedarme en casa y terminar mis estudios resultó la decisión correcta. Había querido creer que estaba listo y en condiciones de enfrentar solo el mundo; ahora acepto la realidad de que probablemente no era así. Me hallaba en el proceso de aprender a tomar buenas decisiones y disfrutar del lujo de la libertad, pero aún no había llegado ahí. Había algo casi *zen* en la forma en que todo resultó: no descubrí mi camino ejerciendo mi voluntad, sino rindiéndola.

Y, por cierto, estoy muy orgulloso del anuario que produjimos en mi último año de preparatoria.

Este relato del anuario me lleva a un tema más general; un tema que, de igual forma, contiene muchos matices, ambivalencias y posibles incomodidades. Se trata del efecto en los hijos de que los padres jalen los hilos para que reciban un trato especial o ventajas particulares.

Como ya dije, de chico mi familia no era rica. Pero cuando adolescente, mi padre era ya muy conocido y respetado; tenía amigos poderosos y acceso a casi todo el mundo. Y no voy a negar que el apellido Buffett —además de una carta de recomendación de Katharine Graham, la dueña de *The Washington Post*— me ayudó a ingresar a Stanford.

No hay nada exageradamente inusual en esto. Todas las universidades privadas ofrecen cierto número de lugares "heredados" a los vástagos de exalumnos ilustres y donadores en perspectiva, y estos jóvenes suelen armonizar con propiedad con quienes ingresan por sus buenas calificaciones y discursos de graduación. ¿Este sistema es justo? No en realidad. Pero lo que aquí me interesa no es "el sistema", sino su efecto en los individuos.

Para ser honesto, bien a bien no sé por qué acepté entrar a Stanford. ¿En esa etapa de mi vida ardía de entusiasmo por la educación superior? No puedo decir que así fuera. ¿Sentía gran afinidad con esa escuela en particular? No podría afirmarlo. La verdad —tanto como me es posible precisarla— es que fui a Stanford porque sabía que era un privilegio. Una oportunidad que no debía dejar pasar, no una aventura que ansiara reclamar para mí.

En síntesis, mi motivación era más bien circular y tibia, antes obligatoria que voluntaria, y en parte a esto se debe, sin duda, que haya dejado la universidad al terminar el tercer semestre. A su debido tiempo diré más acerca de esta decisión; por ahora sólo quiero mencionar otro posible factor en mi determinación de desertar: no sé si alguna vez creí de veras que, para empezar, *merecía* estar en Stanford.

¿Me habrían aceptado si mi apellido hubiera sido otro? ¿Mi solicitud habría causado la misma impresión sin sus excelentes recomendaciones? ¿Era yo tan digno de un asiento privilegiado en el salón de clases como el joven de alto promedio en todos sus estudios y perfectos exámenes de aptitud preuniversitarios?

No puedo decir que haya pasado noches enteras sin dormir preocupado por estas preguntas, pero en cierta medida minaron mi seguridad y comprometieron mi legitimidad en el único punto que realmente importa: *mi mente.*

¿Mi padre cometió un error al ayudarme a ingresar a Stanford? Por supuesto que no. ¿Qué padre no desea ayudar a su hijo a progresar en la vida? Pero creo que éste es otro de esos dilemas sin solución a la vista; otra ilustración de la imposibilidad de ser un padre perfecto o un adolescente sin problemas.

Hace falta humildad en este caso; los padres suelen saber más que sus hijos, pero lo cierto es que ni unos ni otros saben lo suficiente. Procedemos con buenas intenciones, y con la esperanza de que nuestros verdaderos motivos sean puros. A veces —hay que reconocerlo— esos motivos son más complejos de lo que quisiéramos. Algunas familias envían a sus hijos e hijas a Harvard o Yale para poder presumir de eso. *¡Ah! ¿Tu hijo está pasando un año en Europa? El mío estudia derecho en Princeton.* ¿Puede saberse con certeza cuál de estos jóvenes vive la experiencia más valiosa? ¿Y la colegiatura de Princeton se paga principalmente por la educación del hijo o la vanidad de los padres?

Hay tantas respuestas como familias. ¡Y no busco crear problemas! Sólo hacer la pregunta.

Durante mi estancia en Stanford intenté aprovechar todo al máximo, y mi falta de dirección clara resultó en cierta forma una bendición. Si nada me apasionaba en particular, al menos sentía alguna curiosidad por *todo*. Así que me inscribí en cuanto curso pude, siempre y cuando empezara con "Introducción a..." o terminaran en —ología.

Llámame diletante, pero sólo si tienes presente el origen de esta palabra. Se deriva del verbo italiano *dilettare*, que significa "deleitarse". Y eso era justo lo que yo hacía: deleitarme en la asombrosa variedad y riqueza de una educación humanística. Ése fue el verdadero privilegio de estar en una universidad como Stanford, aunque probablemente no siempre lo aprecié del todo. Podía leer a los grandes filósofos, estudiar ciencias básicas e incursionar en la literatura sin la presión inmediata de elegir una especialidad cuyas demandas restringirían mi enfoque, y me encauzarían a una carrera cuyos rigores y competitividad limitarían aún más mis opciones.

El ambiente de una universidad humanística alimentó mi extensa curiosidad; pero ahora comprendo que mi sensación de libertad, de tener opciones, había sido fomentada mucho antes, por mi familia. De todos los dones que recibí de mis padres, ése estaba sin duda entre los más valiosos: la convicción de que no era necesario que la vida me cercara, de que podía adoptar una visión amplia de cómo quería pasar mi tiempo en la Tierra, más que encogerme para encajar en un nicho predeterminado.

Durante mi primer año en Stanford hubo un incidente que me hizo comprender qué don tan raro y precioso era esa libertad.

Un día caminaba por el corredor de mi dormitorio cuando oí a una joven, una conocida, en una emotiva conversación telefónica. (Increíble pero cierto: hubo un tiempo en que no había teléfonos celulares y los universitarios llamaban a casa, usualmente por cobrar, ¡desde teléfonos de monedas en el pasillo!). Para no escuchar a hurtadillas ni importunar, me alejé discretamente. Momentos después, mi compañera pasó llorando por el corredor.

Le pregunté qué ocurría. Resultó que lloraba de alegría y alivio. Acababa de hablar con su padre. Le abrió su corazón, le dijo que era muy infeliz, que se sentía agobiada. Que si seguía por ese camino, sólo veía desdicha en su futuro, y aun fracaso. Su padre la oyó y al final le dijo que estaba bien, que no estaba obligada a ser médica. Podía ser abogada.

Mi compañera, enjugándose las lágrimas y casi riendo ya, liberada de toda esa presión, me preguntó: "¿No es maravilloso?".

Me quedé helado, buscando algo útil e indulgente que decir, pero lo único que se me ocurrió pensar fue: "¡Qué bueno que puedas elegir!... Pero ¿eso es todo? ¿Doctora o abogada? Entre todo lo que podrías ser, ¿sólo debes elegir una de dos cosas?".

No recuerdo qué le dije. Tal vez sólo asentí con la cabeza. Pero este incidente me hizo pensar varias cosas. Una de ellas, claro, fueron las opciones, y cómo diferentes personas elegían entre ellas. Otra línea de razonamiento fue la relación compleja, y a veces paradójica, entre opciones y privilegio.

Si lo piensas bien, ¿qué significa realmente *privilegio*? Creo que, con demasiada frecuencia, la gente lo concibe sólo en términos de dinero, y de las cosas que pueden comprarse con él. Ser privilegiado es vivir en una casa confortable, tener suficiente comida, usar ropa bonita, dormir en una cama limpia fresca en verano y abrigadora en invierno. Y todo esto está bien, dentro de lo que cabe. Pero ¿es ésa la *esencia* de ser privilegiado? Pienso que no.

Si la vida es lo que hacemos de ella, si asumimos el reto de crear la vida que queremos, parece claro que la esencia del privilegio tiene que ver con disponer de una serie de opciones lo más amplia posible.

Piensa en la gran cantidad de personas que —conforme a nuestras normas convencionales, al menos— *no* son privilegiadas. El aldeano africano que, debido a un gobierno corrupto o falta de oportunidades educativas, subsiste hoy y siempre como agricultor o guardián de unas cuantas vacas escuálidas. El joven de las barriadas urbanas o el indio de una reservación estadunidense empobrecida, cuyos horizontes son cancelados por una cultura de familias desintegradas y desesperación.

Esos trabajadores chinos, igualmente, cuya sociedad los mantiene en las mismas fábricas o granjas donde empezaron. Para quienes se hallan en esas circunstancias, la sobrevivencia suele ser un trabajo de tiempo completo. Techo y sustento para ellos y su familia es obviamente lo primero. Pero seguridad económica y comodidades materiales no es lo único de lo que han sido privados; comúnmente, también les faltan *opciones*. Y, si lo piensas bien, la falta de opciones es en todo punto tan cruel como cualquier otra carencia. Hambre y sed pueden satisfacerse día a día. Pero un frustrado anhelo de cambio, de nuevas posibilidades, puede durar toda la vida, y transmitirse incluso de generación en generación.

Lo cual me devuelve a mi compañera de Stanford. Ella era a todas luces "privilegiada". Su familia era rica; ella tenía la oportunidad de una educación de talla mundial. En teoría, sus opciones eran casi ilimitadas.

Pero en la práctica sus posibilidades se reducían, en virtud de los prejuicios de su familia sobre lo que constituía una decisión profesional "válida", "apropiada" o "socialmente aceptable". No es que hubiera algo malo, desde luego, en ser doctora o abogada, si eso es lo que se quiere ser de veras. Pero justo a eso voy. En el caso de mi compañera, lo que ella quería no parecía contar mucho en la ecuación. Le imponían su futuro; y, al menos entonces, ella lo permitió.

En otras palabras, era privilegiada, pero veía su gama de opciones como si no lo fuera. ¿Qué tan perverso es esto? Con una mano, sus padres le habían dado un universo de posibilidades, y con la otra le quitaban la mayoría de ellas. ¿Y si quería ser maestra, o bailarina? ¿O hacer cualquiera de las miles de cosas que ofrecen un sustento menos seguro, pero tal vez más satisfacción? ¿Y si su verdadera inclinación era una carrera menos prestigiosa para su contexto cultural y momento particular?

Sin duda, su familia tenía en mente los mejores intereses de esta joven, o creía tenerlos. Quería que ella tuviera una vida de comodidades materiales y prestigio social. Que tomara la decisión *correcta*.

Pero la decisión correcta no es necesariamente la segura, cómoda u obvia. Por lo general, tampoco es la que otro toma por nosotros. Y si es una decisión que debe tomarse entre opciones rígidas y estrechas, es un desperdicio de lo que concebimos como privilegio.

Como contrapunto de esta anécdota sobre mi compañera de Stanford, déjame contarte una historia más venturosa.

Hay un refrán —que he visto en calcomanías de autos y en camisetas, pero que no me sorprendería que se derive de Buda o Lao Tsé— que dice: "No todos los que vagan están perdidos". Creo que hay un pizca de verdad en esta sentencia, aunque sería fácil llevarla demasiado lejos. Digo, algunos que vagan sí están perdidos, ¡ni modo! Pero hay muchas circunstancias en las que caminar sin rumbo por un laberinto de opciones no es indicación de estar perdido, sino un tramo necesario en el camino para encontrarse a uno mismo.

Un amigo me contó hace poco de un excompañero suyo que cambiaba de carrera prácticamente cada semestre. Entró a la universidad queriendo ser ingeniero mecánico. Pero pronto se aburrió del aspecto práctico y concreto de la ingeniería; quería algo más etéreo y abstracto.

Así que se cambió a física. Ésta lo cautivó por un tiempo, pero descubrió que lo que realmente le gustaba de la disciplina eran los hermosos y ordenados patrones que describía.

Así que se pasó a matemáticas, que no trata de otra cosa que de patrones, divorciados por completo de objetos físicos. Las matemáticas mantuvieron vivo su interés durante uno o dos semestres, hasta que sintió que su mundo se volvía demasiado abstracto. Su mente ansió entonces cosas que él pudiera ver y tocar.

Cambió de carrera otra vez, y en esta ocasión también de universidad. Para ese momento, sus padres ya se jalaban de los pelos, e incluso sus amigos se preguntaban si no era sólo una de esas personas brillantes e incurablemente excéntricas. Se inscribió en bellas artes en la Rhode Island School of Design, con especialización en dibujo y pintura.

Este paso no fue tan estrafalario como parecería. A nuestro sujeto le obsesionaban los patrones armónicos. No obstante, los espléndidos patrones de las matemáticas eran invisibles, y él ansiaba sacarlos a la luz del día de alguna manera. Así que, ¿por qué no intentar producir algo análogo a ellos en una línea, composición o mezcla de colores hermosamente trabajada?

Pero —¡sorpresa!—, la opción de la pintura no dio resultado. En primer lugar, él dudaba de ser suficientemente talentoso, de poder traducir sus nociones intelectuales de la pintura en obras de arte reales. Aparte, descubrió que la vida de pintor era muy solitaria, demasiado alejada de las experiencias comunes y formas de trabajo que vinculan a la mayoría de la gente.

Así que volvió a cambiar de carrera, esta vez a arquitectura. La arquitectura era cooperativa y social; un arte tanto como un oficio. El diseño exigía conocimientos de física y de relaciones matemáticas. Esto le permitió emplear sus habilidades como dibujante y ejercer su afición por los patrones. Por fin había encontrado su vocación, ¿no es así?

Bueno, casi. Un par de cosas de la arquitectura le trastornaban. Una era que la mayoría de los modelos de edificios no se construían nunca; vivían y morían como proyectos. ¿Y el acero y el vidrio y la piedra con que se preveía erigirlos? Nuestro sujeto se descubrió cada vez más interesado en los *materiales* y sus diferentes características. En otras palabras, ¡había dado una vuelta completa, pensando de nuevo como ingeniero mecánico!

Y esos edificios hipotéticos, ¿cómo encajaban en el patrón de una ciudad, entre sus curvas y cuadrículas? ¿Cómo afectarían su estética y escala, y la naturaleza y costo de sus materiales, a las personas que vivirían y trabajarían en ellos? ¿Cuál era el patrón *general* en el que esos edificios se insertarían?

¡Eureka! Por fin lo tenía: la disciplina que embonaba con sus más amplios intereses y hacía uso de todas sus habilidades. Estaba llamado a ser planificador urbano. Cambió de carrera por última vez, obtuvo empeñosamente su título de maestría y emprendió una carrera distinguida y satisfactoria.

Ahora bien, ¿este individuo estuvo "perdido" durante los años de sus andanzas académicas? ¿O seguía un camino aún no visible pero que lo llevó donde debía?

¿Puede haber demasiada libertad o demasiadas opciones?

Creo que la respuesta es no, aunque resulta fácil saber por qué algunos piensan lo contrario. Muchos jóvenes hacen un uso indebido y destructivo de su libertad, o se sienten abrumados por las opciones que la vida les presenta. Meterse en problemas de drogas es obviamente un uso desastroso de su libertad, aunque no *resultado* de ella; muchas veces el consumo de drogas indica otros problemas, para los que el consumidor aún tiene que hallar soluciones mejores y más sanas. El hecho de que algunos jóvenes irrumpan en la edad adulta sin ambición ni dirección puede deberse a la incapacidad de elegir un camino y renunciar a otras posibilidades.

Pero seamos claros y dejémonos de pretextos. Cuando los individuos hacen mal uso de su libertad, no es por culpa de ésta, ¡sino de ellos!

La libertad debe conducirse. Debe moderarse desde dentro. Mi madre tenía una máxima —prácticamente un mantra— que lo resume. Solía decirme que yo podía ser lo que quisiera, mas no hacer lo que quisiera. En otras palabras, que mis aspiraciones podían ser infinitas, pero que mi *conducta* estaba sujeta a límites correctos y adecuados. Estos límites estaban definidos por la moral e integridad personal, y por las ideas compartidas de decencia y ética. Esas cosas no perseguían estorbar mi libertad, sino darle dirección y forma. ¡La libertad, después de todo, no es anarquía, desorden ni caos!

De igual modo, cuando la gente se enreda en sus opciones, no es porque tenga demasiadas; es porque carece de claridad y voluntad para comprometerse con una.

Pero ¿cómo alcanza una persona esa claridad y desarrolla ese compromiso? Esto nos lleva al complicado tema de la vocación.

5 El misterio de la vocación

En el otoño de 2008, tuve el honor de presentarme en las sedes tanto en Nueva York como en Los Angeles del Paley Center for Media. Esta oportunidad fue muy significativa para mí, por al menos un par de razones. Esos espectáculos —mezcla de música, video y conversación— me permitieron compartir y perfeccionar muchas de las ideas que, a su vez, han dado forma a este libro. Y el concierto en Los Angeles fue muy especial para mí, porque mi padre asistió a él.

Era la primera vez que mi papá me oía tocar y cantar ante un público tan grande. Pero no sólo oyó; también participó. Llevó su famoso ukelele, y abrimos juntos el programa. Tras una clamorosa interpretación de "Ain't She Sweet", él arrancó carcajadas al público cuando dijo estar ahí "para ver lo que gané de invertir en clases de piano".

De habérseme ocurrido entonces, le habría preguntado a *qué* clases se refería, ¡porque empecé a estudiar piano en cuatro ocasiones!

Creo que esto sugiere uno de los temas centrales que espero poder explicar aquí: que la vocación es misteriosa, y que es raro que la gente la siga en línea recta o sin duda, pasos en falso, crisis y metidas de pata.

En retrospectiva, parece más que obvio que la música fue siempre mi llamado, lo que vuelve aún más enigmático por qué tardé tanto en aceptarla por entero. Sospecho que en esto soy como muchos otros. Las cosas más imponentes y justo frente a nuestras narices son a veces las más difíciles de ver.

Mi madre solía contarme que di mis primeros pasos cantando "Twinkle, Twinkle, Little Star" antes de que aprendiera a hablar. Como ya dije, desde mi más tierna infancia oía tonadas en mi cabeza, y claro que no tenía manera de saber que eso era de lo más inusual. ¿No todos oían esa música interior? Tan pronto como pude alcanzar las teclas del piano, aporreaba las de las notas graves para simular truenos y tañía las de las agudas para que sonaran como lluvia.

He aquí mi idea de una "cita" cuando tenía cuatro años. Invité a casa a mi amiga Diana. Ella fue la primera niña de la que me enamoré. Emergí de la chimenea —que me enmarcaba como el arco de un proscenio— y le canté una pieza de Paul Anka. *Oh, please, stay by my, Di-ana!*

Luego, cuando tenía cinco años, algo estremecedor ocurrió: los Beatles hicieron su primera aparición en *The Ed Sullivan Show*. Quedé trastornado, apabullado. Como otros millones de familias, los Buffett salimos corriendo a la tienda departamental más cercana a comprar una preciosa pieza de vinil: *Introducing the Beatles*, de discos Vee-Jay. Pronto yo tocaba la guitarra eléctrica como un profesional; no, como un fanático. Imitaba la flexión de piernas de John Lennon y el modo en que Paul McCartney estiraba el cuello cuando cantaba su emblemática *Yeah, yeah, yeah, YEAH!* Pasé docenas, si no es que cientos, de horas con ese álbum, que escuchaba en el tocadiscos portátil de mi familia, adquirido en Sears. Un día la aguja se rompió; la remplacé por una aguja de coser de mi mamá. ¡Funcionó! Mi primera incursión en la unión entre música y tecnología.

Cuando tenía seis años, comencé a tomar clases de piano. Mi maestra era la clásica "vecina viejita", que enseñaba a mi hermana, mayor que yo, y a otros niños del barrio. De ella aprendí lo básico de la digitación, armonías, acordes simples y repentización.

También aprendí la diferencia entre una clave mayor y una menor: la primera suena alegre y brillante, y la segunda triste y oscura. Estos conocimientos básicos fueron un gran avance en mi comprensión de cómo se hacía la música para transmitir emociones, de lo expresiva que podía ser. Una noche —quizá tenía siete años— me sentía mal. Me acerqué al piano, junto al sillón en el que mi padre se sentaba a leer el periódico vespertino. En vez de tratar de explicar mi pena con palabras, pulsé lentamente "Yankee Doodle" en clave menor. Como por arte de magia, esa marcha vivaz se volvió un canto fúnebre, y mi familia supo de inmediato cómo me sentía.

Pero por más que el piano me gustara y por importante que fuera ya la música en mi vida, dos años después quería dejar mis clases.

¿Por qué? Esta pregunta me obliga a interrumpir mi nostálgico relato para considerar algunos aspectos de interés general. ¿Por qué a los jóvenes les resulta tan difícil reconocer —y comprometerse con— su verdadera vocación? ¿Cuáles son algunos de los escollos y tramos probablemente inevitables en el camino?

Una de esas dificultades, creo yo, es sencillamente el hecho de que reconocer y aceptar un llamado supone en realidad jugársela en la vida. Considérese esto: la mayoría de la gente es mediocre en casi todo; este hecho es básico para la idea misma del promedio. Y no tiene nada de malo. La mayoría de las personas son estudiantes promedio, golfistas promedio, cualquier cosa promedio. Pese al humorista estadunidense Garrison Keillor, no puede haber una ciudad en la que todos estén *por encima* del promedio, ¡porque entonces el promedio subiría!

En la mayoría de las esferas de la vida, el promedio es más que suficiente. De hecho, existen ventajas reales en ser mediocre. Evita presiones y permite cumplir expectativas.

En términos de la verdadera vocación, sin embargo, no basta con ser mediocre. Si tu llamado es convertirte en chef, resulta obvio que no será suficiente con que seas un cocinero promedio. Ningún maestro dedicado quiere ser mediocre en el salón de clases. Ningún autor quiere ser mediocre en la página.

Nuestra vocación es el campo en el que anhelamos destacar, distinguirnos del montón. Este anhelo es magnífico; nos enaltece. Saca a relucir lo mejor de nosotros, y nos lleva a logros y descubrimientos que podemos reclamar como nuestros.

Pero también explica por qué da tanto miedo aceptar nuestra vocación.

Si en las muchas facetas de la vida en las que estamos destinados a ser mediocres nos quedamos un poco cortos, ¿qué importa? Pero si fallamos en aquello que nos define, en lo que esperamos resultar especiales, el asunto se vuelve serio.

Lo cual me regresa a la primera vez que dejé mis clases de piano. Tenía ocho años, y no pretenderé que pensaba como adulto. En la medida en que podía articularla, la razón de que quisiera dejar mis clases era que ya me aburrían.

¿Por qué?

Porque, creo, cada vez eran más difíciles, puesto que yo empezaba a ahondar en un área que me importaba de veras, algo en lo que realmente quería ser bueno. Del modo más infantil que se quiera, comenzaba a entender que mi relación con el piano no era casual, algo como para tomar a la ligera.

Mi naciente pasión por la música, así, era fuente tanto de alegría como de cierta incomodidad, de un vago temor.

Y he de creer que muchas otras personas han experimentado esas emociones encontradas en las primeras etapas de su danza de aceptación-rechazo de su llamado.

La vida es complicada, y no es raro que alberguemos sentimientos a primera vista mutuamente excluyentes pero que resultan compatibles en todo. Así que permíteme mencionar otro componente —paradójico— de mi decisión de abandonar mis clases de piano a la avanzada edad de ocho años. Al mismo tiempo que me resistía a esas clases debido a su dificultad creciente, desarrollaba la confiada —aunque insensata— creencia de que, solo, podía aprender música a la perfección.

¿Qué sentido tenía aprender la música de otros, escrita en páginas en blanco y negro, cuando mis propias y simples composiciones emergían de un lugar misterioso con un colorido vívido y palpable?

Aunque esta seguridad era tonificante, no dejaba de ser peligrosa. Era maravilloso creer que yo poseía al menos cierto grado de originalidad, un modo de hacer música auténticamente mío. Pero aún no sabía —ni de cerca— lo bastante para hacer fructificar esa aptitud, y creer lo contrario habría sido contraproducente. Pienso que aquí hay una lección para los niños precoces que, sintiendo el gusanillo de la creatividad, suponen equivocadamente que saben más que sus maestros.

Me vi obligado a comprender —¡a fin de cuentas!— que no hay atajos para dominar un oficio. Tuve que aprender a permitir que me enseñaran.

Todas las grandes tradiciones espirituales y religiosas veneran a sus maestros, y es curioso que muchas parezcan compartir la idea de que la vida brinda *múltiples* maestros. El budismo cuenta con la máxima "Muchos caminos, muchos guías". El cristianismo no nos presenta un solo evangelista, sino cuatro. Una de las plegarias más importantes del canon hebreo, el *kaddish*, fue originalmente un canto de alabanza a un respetado maestro; evolucionó hasta convertirse en una oración universal por los muertos, lo que da a entender que *todos* los que se han marchado antes que nosotros son nuestros maestros.

Para decirlo de otra manera, hay tantos maestros como cosas por aprender, y su número es prácticamente ilimitado.

Menciono esto en relación con mis clases de piano porque tuve otros tres maestros antes de concluir mis estudios (tres maestros a quienes *pagaba*, quiero decir; tuve docenas más, los que me enseñaron o influyeron en mí sin siquiera saberlo o sin que les diera las gracias), y cada uno aportó algo único e irremplazable a mi educación, más bien esporádica. Los buenos maestros, en cualquier campo, hacen mucho más que transmitir información; comunican algo de sí mismos. En consecuencia, el progreso técnico con que cada profesor me ayudó fue quizá menos importante que el *método* que adoptó cada uno.

Mi primera maestra enseñaba piano ciñéndose a las reglas. "Lee las notas, cuenta los tiempos." "Pon los dedos indicados en las teclas correctas." Esto no era especialmente creativo, pero resultó muy apropiado y necesario, lo que insinúa una verdad que probablemente se aplica a cualquier disciplina. Tienes que trabajar mucho y dominar lo básico para poder echar a volar tu imaginación. La creatividad sin apoyo en el aburrido dominio de un oficio produce más rudezas que obras maestras.

Mi segunda profesora, con la que empecé a estudiar en quinto grado, seguía un camino sutil pero crucialmente distinto. Le interesaban menos las notas que el sonido. ¿Por qué, digamos, una canción de Simon y Garfunkel suena diferente a una sonata de Mozart? ¿De cuántas formas puede sonar un acorde simple en do mayor? ¿Cómo es posible que un mismo instrumento suene como Chopin o como Jerry Lee Lewis?

De esta segunda maestra aprendí que cada vez que ponía un dedo en una tecla, tomaba una decisión. No sólo qué nota tocar, sino también cómo tocarla, cómo hacerla sonar de modo apropiado con el material que tocaba y, en última instancia, cómo hacerla sonar como *yo*.

Mi tercera maestra se apoyó en esto, y de hecho lo llevó a un nivel totalmente distinto. Para ella, notas y reglas eran sólo la materia prima básica, que había que aprender para después poder trascenderla. En cuanto al sonido, era apenas un medio para un fin mucho más importante: la expresión personal.

¡La mezcla realmente se volvió rica entonces! ¡Emocionante y aterradora! ¿Cómo aprovechar la emoción del corazón, hacerla pasar por el conocimiento en el cerebro y transformarla en notas tocadas por los dedos? ¿Cuántos ímpetus, riesgos y peligros personales entraban en esa ecuación? ¿Cuánto conocimiento de uno mismo se requería, cuánta entrega personal? ¿Y si se llegaba hondo, se ponían en la música los sentimientos más puros y personales y se daba con… casi nada?

Aún no estaba preparado para arriesgarme a eso. Todavía no sabía lo suficiente de la vida ni de mi corazón. Opté entonces por avanzar en el oficio de la fotografía, más inofensivo y menos personal. Una vez más, dejé al margen mi relación con la música.

Pero basta de mí, ¡al menos por el momento!

Hablemos en términos un poco más generales del misterioso tema de la vocación, y abordemos algunas preguntas fundamentales.

Antes que nada, ¿de dónde proviene ese poderoso llamado? Tengo una respuesta simple, aunque insatisfactoria, a esta pregunta: nadie lo sabe. Obviamente, cuando un hijo sigue los pasos de uno de sus padres, resulta tentador concluir que la herencia y/o una arraigada cultura familiar son los factores determinantes. Pero ¿y todos los casos en los que un joven serpentea en una dirección completamente distinta? El magnífico poeta James Merrill vino a ser uno de los vástagos de la familia fundadora de la casa de bolsa Merrill Lynch. ¿Cómo explicar *su* vocación? La respuesta es que no se puede. Más que explicarla, podemos celebrarla como un ejemplo de la maravillosa complejidad de la naturaleza humana, y de la gama vertiginosa de opciones que la vida ofrece.

La segunda pregunta que quiero plantear es más complicada: ¿Todos y cada uno de nosotros *tenemos* una vocación en la vida?

Bueno, eso depende de cómo la definamos. Si por "vocación" entendemos pasión por lo que hacemos, la respuesta honesta es no. En un mundo ideal, todos hallaríamos la felicidad en el mismo sitio en que recibimos nuestro sueldo. ¡Esto sería Utopía! En el mundo real, las cosas no siempre son así. Podemos empeñarnos en tener éxito en nuestro trabajo; podemos esforzarnos en sobresalir en nuestro trabajo; pero, lamentablemente, eso no es lo mismo que amar nuestro trabajo, o encontrar en él la verdadera expresión de lo que somos.

Así pues, me gustaría proponer una definición más amplia de "vocación", capaz de incluirnos a todos. Quisiera definir la "vocación" como el jalón que experimentamos por la vida indicada para nosotros, nuestra vida real. Esta vida *podría* centrarse en el trabajo o en una carrera particular, aunque no forzosamente ha de ser así. La felicidad que procura —su *pertinencia*— puede residir en cualquier aspecto del camino elegido.

Permíteme contarte sobre una pareja cuyas diferentes maneras de ver la vida ilustran la gama de posibilidades que intento explicar.

Uno de los miembros de esta pareja es un hombre que desde niño se supo destinado a ser escritor. "No era necesariamente una cuestión de talento", dice, "sino de temperamento. Me llevaba bien con los demás niños; pero cuando me concentraba, cuando me abstraía en algo, quería estar solo. Para mí era importante poder explicarme las cosas, llegar al *porqué* de las cosas. Y pronto descubrí que poseía una disciplina enorme, siempre y cuando me la impusiera yo; si alguien intentaba decirme lo que tenía que hacer, tendía a ser terco, hosco y rebelde. Así que no me iría nada bien con un jefe, lo que supongo que me descalificaba para alrededor de noventa y cinco por ciento de las carreras posibles."

Este último comentario sugiere una de las cosas útiles de una definida vocación de trabajo: ¡simplifica el panorama por dejar muy en claro lo que *no* queremos hacer!

Como sea, este amigo estaba decidido a ser escritor, y, añade: "Nunca tuve un plan B. Tal vez titubeé en dos momentos. Uno fue cuando entré a la universidad. Ganarme la vida como escritor parecía muy arriesgado, así que me inscribí en el curso propedéutico de medicina. Duré en él hasta la primera práctica del laboratorio de biología, cuando tuve que sacrificar a una rana. Te ahorraré los detalles, pero me di cuenta de que era demasiado impresionable para ser médico. El segundo ataque de sentido práctico ocurrió cuando dejé la universidad. Conseguí empleo como encuestador en una campaña presidencial. Era un trabajo muy interesante. Me daba la oportunidad de platicar con muchas personas. Pero ¿por qué quería platicar con tanta gente? Porque me daba material para escribir. Esto era siempre lo central."

Así, este sujeto decidió que, por riesgoso que fuera, apostaría su futuro económico a la literatura. "Fue una suerte que lo haya hecho entonces", dice, "cuando aún era joven y podía soportar el rechazo inevitable. Básicamente no tenía dinero. Viví como estudiante hasta alrededor de los treinta. Pero no me importaba. Hacía lo que me gustaba. No sé si resulte atinado decir que fue una decisión. Simplemente no podía imaginarme haciendo otra cosa."

En suma, este amigo ha llevado una vida claramente centrada en una vocación de trabajo.

Su pareja, en contraste, opera conforme a un llamado que difícilmente podría ser más distinto, pero que, en mi opinión al menos, es igualmente válido.

"Nunca tuve una profesión con P mayúscula", dice este hombre, "y jamás lo deseé. Tuve muchos empleos. Acepto la necesidad de ganar dinero. Pero ahí está: lo veo como una necesidad. No es bueno ni malo. Es algo que debes hacer para ganarte la vida."

Así como su pareja supo pronto que estaba destinado a ser escritor, este sujeto comprendió desde niño que no era de quienes se dedicarían a trabajar. "En la primaria", recuerda, "la maestra hacía la pregunta de rigor: '¿Qué quieren ser de grandes?'. Mis compañeros respondían que bomberos, astronautas, científicos. Yo respondía: 'Feliz'. Algunos niños me decían que ése no era un trabajo. Y yo pensaba: '¡Claro que lo es!' ".

"En ese entonces", dice, "no podía explicar mi juicio al respecto, pero era básicamente que la gente hace todas esas cosas —forjarse una carrera, ganar dinero, comprar autos y casas— *para ser feliz*. ¿Por qué no ir al grano y perseguir directamente la felicidad?"

¿La felicidad como vocación? ¿Por qué no? A mi parecer, la búsqueda seria y meditada de la felicidad exige muchas de las cualidades que se requieren para tener éxito en cualquier otro empeño: paciencia, conocimiento de uno mismo, fuerza y firmeza para recuperarse de la adversidad.

En cualquier caso, las vocaciones diferentes de estas dos personas me recuerdan la añeja discusión de *ser* contra *hacer*.

Las filosofías orientales tienden a defender la primacía del *ser*: la contemplación callada, la atención y la experiencia de unión y serenidad; en una palabra, la felicidad. Las tradiciones occidentales tienden a enfatizar el *hacer*: lograr, realizar, dejar huella; en una palabra, el trabajo.

¿Alguna de estas filosofías es "mejor", "más verdadera" o "más útil" que la otra? Esta discusión no se resolverá jamás. Pero diré esto: para alguien con una auténtica vocación de trabajo, hacer *equivale* a ser. Y para alguien con una sincera vocación de felicidad, ser *equivale* a hacer. En cuanto a mí, esto anula el conflicto.

Mientras tanto, volviendo al piano, mi ambivalente coqueteo con mi llamado había entrado en otra fase. Ahora tenía un amigo, Lars, que compartía mi fascinación por el teclado. Comenzamos a tocar música para cuatro manos; poco después nos pusimos a componer y arreglar canciones.

Este aspecto social de la ejecución musical era nuevo para mí. Siempre había visto el piano como un refugio solitario. Nunca estuve en un conjunto, ni lo deseé. El teclado se había convertido en el eje de una amistad. Otros chicos jugaban pelota, iban a pescar o paseaban juntos en el bosque. Lars y yo tocábamos música.

Esto era muy grato; pero, quizá de modo inevitable, puso otro obstáculo en mi camino. Lars y yo no competíamos declaradamente entre nosotros —es raro que se compita en la música—, pero no pude evitar comparar mi manera de tocar con la suya, evaluando contra él mi intuición y facilidad musical. Y tampoco pude evitar sentir que yo era el menos apto.

Tal vez esto era un hecho, o quizá sólo producto de mi inseguridad. Siendo como es la naturaleza humana, saber con *precisión* lo que sentía daba lo mismo. De cualquier forma, eso afectó mi seguridad y me impidió tomar en serio la música. ¿Cómo podía soñar siquiera con dedicarme a ella si yo era inferior a mi único amigo?

Al final encontraría la salida de este dilema; de hecho, terminaría por entender que era un dilema totalmente falso e ilusorio. Pero harían falta unos años más, muchas vacilaciones, algunos experimentos fallidos y varias coincidencias afortunadas para lograr ese avance.

Una de esas coincidencias afortunadas —si lo *fue*, y no una muestra de la misteriosa sabiduría de mi madre— fue la súbita aparición, cuando yo iba en preparatoria, de una grabadora en la casa Buffett.

Ya dije que una vez reparé nuestro fonógrafo portátil con una aguja de coser. Ésa fue quizá una manera torpe de decir que siempre me había interesado la confluencia de la música y la tecnología. Aquella grabadora llevó esa confluencia a un nivel enteramente nuevo. La vi no sólo como un artefacto mecánico, sino también como una caja mágica que ofrecía oportunidades sin fin. Aprendí por mí mismo a grabar una pista y luego a mezclar otra encima, para después borrar la primera y mejorarla. En pocas palabras, no sólo aprendía a tocar música, sino también a *producir* grabaciones.

Esto era sin duda muy rudimentario. Algunos niños se entretienen con juegos de química; yo me entretenía con un piano y una grabadora. Pero aunque los resultados no eran gran cosa, el proceso, creo yo, era muy importante. Concédeme un momento para explorar esto; porque creo que no sólo se aplica a la vocación musical, sino también a la búsqueda del nicho personal en toda clase de campos.

Antes de que la grabadora entrara en la ecuación, ignoro si yo entendía que había muchas maneras de ser músico. Ser músico equivalía a tocar el piano y componer canciones. Pero la adición de la tecnología me hizo advertir que esa definición era demasiado rígida y restrictiva. Ser músico también incluía todo lo que yo podía hacer tocando y con las melodías, primero con la grabadora, luego en un estudio.

En otras palabras, hacer música no era una habilidad o inclinación única, sino una *serie* de habilidades e inclinaciones. Componer melodías era una de esas inclinaciones; desenvolverse en la electrónica, otra. Y la combinación de estas cosas inició un proceso de refracción y multiplicación, como en una sala de espejos, de tal modo que el concepto de "músico" cobró posibilidades infinitas, una de las cuales podía ser la indicada para mí. Tal vez encontraría la manera no sólo de hacer música, sino también de hacer *mi* música.

¿Cómo se aplica esta dinámica a otros campos? Bueno, puede afirmarse que muchos, si no es que la mayoría de nosotros, empezamos con una *corazonada*, una idea general, de cuál debería ser nuestro camino; esa corazonada sólo puede convertirse en verdadera vocación si hallamos la forma de enlazarla con nuestra *combinación* específica de aptitudes y temperamento; porque en esta combinación, más que en rasgos o talentos sueltos, es donde reside nuestra excepcionalidad.

Digamos que un individuo empieza con la corazonada de que será médico. Pero ¿qué clase de médico? Si su temperamento es del tipo "Déjenme en paz con mi juego de química", puede ser que se sienta mejor y más eficaz —más *él mismo*— en un centro de investigación que tratando a pacientes. De igual modo, el impulso de ser abogado es demasiado general; pero si se combina con, por ejemplo, pasión por el periodismo, tal vez la concentración en temas de la primera enmienda de la Constitución estadunidense sea el camino a seguir.

En la realidad, desde luego, las cosas son mucho más complicadas de lo que los ejemplos anteriores sugieren. No son únicamente dos hebras las que determinan nuestras preferencias; puede haber docenas. Algunas destacan más que otras; otras pueden esconderse a nuestra conciencia. Otras más pueden estar en conflicto entre sí: el impulso a la satisfacción personal, digamos, contra el deseo de ganar mucho dinero.

Pero mi argumento es éste: por compleja que sea nuestra red personal de preferencias, talentos y temperamento, hay un empalme en el que esas hebras —o al menos las más importantes— se cruzan. Si somos pacientes, abiertos y tal vez un poco afortunados, algún día llegaremos a esa intersección; ahí es donde nuestra verdadera vocación espera a ser reclamada.

Esto no quiere decir que la combinación del piano y la grabadora me haya llevado a ese punto en un ramalazo de seguridad y certidumbre. No; cuando entré a la universidad, seguía buscando a tientas.

Pero la mente funciona de maneras extrañas. Nos preciamos de que nuestros procesos mentales son lineales y claros. Pero no siempre es así. A veces, la mente hace trampa y opera de modo arteramente indirecto. A menudo va a la zaga del corazón. Este *sabe* cosas que aquella, lenta y pesada, tiene luego que explicar y justificar con palabras y lógica.

Cuando entré a Stanford, la fotografía seguía siendo mi principal medio creativo. Tomaba cursos; sacaba fotos sin cesar. Me gustaba ser el hombre de la cámara. Pero, al mismo tiempo, apareció cierta frustración. Luego de captar miles —tal vez decenas de miles— de imágenes, no sabía con certeza dónde estaba el "arte" en mis fotografías. Me parecían aceptables, pero no sabía si algo las volvía especiales. La cámara, un artefacto mecánico, se situaba entre mi persona y lo que yo esperaba decir. No sabía si algo hacía *mías* esas fotos.

En retrospectiva, creo que lo que pasaba era que mi corazón ya no estaba enamorado de la fotografía, y que mi mente trataba de entenderlo. Entonces intervino la oblicuidad insidiosa: aparentemente, yo debía pasar por la penosa experiencia de desilusionarme de la fotografía para poder aceptar por entero mi pasión por la música. Esto parecía salido de una comedia romántica, cuando el protagonista se da cuenta al fin de que su verdadero amor no es la atractiva mujer que acaba de entrar en su vida, sino la amiga leal que siempre ha estado a su lado. Esta amiga era el piano.

Pero aunque yo estaba tentadoramente cerca de reconocer mi llamado y responder a él, no había llegado ahí todavía. Persistían algunos problemas. La seguridad en mí mismo era uno de ellos. ¿En verdad era bueno para eso? ¿Lo sería *algún* día?

Otro problema era la cuestión compleja y enrevesada de las expectativas familiares. Mis padres siempre me habían instado a buscar mi felicidad, a hacer aquello en lo que me sintiera realizado. Parecían sinceros… pero, ¿lo eran? (Léase: ¿creía *yo* que lo eran?) ¿Acaso no era propio de la naturaleza humana que los padres tuvieran sus preferencias, sus sueños, respecto a sus hijos? ¿Yo les fallaría a los míos si elegía un campo tan poco convencional, tan incierto, como la música? ¿"Desperdiciaría" el privilegio de una educación en Stanford si optaba por un campo en el que un título era irrelevante?

¿O simplemente me sentía culpable porque ésta es una de las muchas formas malévolas que adopta la desconfianza en uno mismo?

Como sea, harían falta una experiencia arrolladora y un descubrimiento repentino para arrasar por fin con mis temores y reparos, y para que tomar mi decisión pareciera no sólo evidente, sino inevitable.

Una noche durante mi segundo año en la universidad, un amigo me invitó a su dormitorio para oir a un guitarrista visitante. Este señor tocaba divinamente y, mejor todavía, con absoluta sencillez. No había en él alarde alguno, ninguna técnica exaltada o agresiva, ninguna complejidad gratuita. Cada nota tenía una razón de ser. Cada nota era genuina y conmovedora. Y yo pensé: "¡Así debe ser la música! ¡Y yo puedo lograrlo!".

No recuerdo cómo salí de ese dormitorio. Sólo que regresé al mío y me puse a componer como loco. Escribí dos canciones, y luego encendí la grabadora y empecé a mezclar partes extra. Componía y escuchaba, ponía y quitaba, experimentaba y pulía. No quería florituras, nada arbitrario.

No dormí mucho esa noche. A la mañana siguiente un amigo pasó a recogerme en su auto para ir a la playa. Llevé un caset con mis nuevas canciones y lo oímos de camino.

Cuando llegamos al mar, tuve una de las experiencias más raras e intensas de mi vida. Abrí la puerta del auto y vi que no podía bajar. No podía moverme, literalmente. Me fijaba en mi asiento una gravedad nueva, compuesta en partes iguales por responsabilidad y júbilo.

Me di cuenta de que, en ese breve trayecto y por los altavoces metálicos de un Honda Civic usado, café mate, había oído mi futuro.

6 Comprar tiempo

Volvamos un momento a la noción de *privilegio*, esa bendición decididamente ambivalente que brinda oportunidades y comodidades, pero que también complica muchas vidas, y a veces puede incluso degradarlas.

Antes que nada, ¿qué queremos decir cuando hablamos de privilegio?

La definición usual tiene que ver, desde luego, con el dinero y las ventajas materiales. Pero yo diría que se necesita una definición más amplia, porque, de hecho, el privilegio puede adoptar muchas formas.

Una familia afectuosa y comprensiva es un privilegio. Lo mismo la atención de maestros y mentores benévolos. La educación es un privilegio, y no pienso sólo en el saber libresco, sino también en la educación en su sentido más amplio; hablo de contacto y relación con un vasto mundo ocupado por personas diversas de numerosas culturas, el tipo de educación que ahonda nuestro entendimiento y compromete nuestra empatía.

Pero ¿qué tienen en común todas estas formas de privilegio?

Para comenzar, todas *deberían* enriquecer nuestra serie de opciones en la vida; este aumento potencial es parte esencial del privilegio. Pero ¿has notado que no siempre ocurre así?

El privilegio, creo yo, es una espada de doble filo. Por un lado, puede abrir un mundo de posibilidades; por el otro, tiende a acarrear presiones —algunas externas, otras autoimpuestas— que pueden limitar seriamente esas posibilidades.

Las expectativas de los padres constituyen una de esas presiones. La influencia de los maestros y modelos a seguir, aun cuando sea positiva, es una especie de presión. Luego están las modas sociales: la selección de la carrera más popular del año. Por último, el hecho de que vivamos en un periodo económico incierto tiende a empujar a la gente a la (aparente) seguridad de las opciones de trabajo más convencionales, los caminos más trillados.

Por todas estas razones, las personas privilegiadas —sea cual fuere la forma precisa que adopten sus privilegios— a veces parecen pensar que tienen *menos* opciones que la mayoría. Esto es lamentable, e incluso perverso; pero creo que también es innegablemente cierto. Acuérdate de mi conocida de Stanford, que parecía tener sólo dos opciones en la vida, ¡la medicina o la abogacía!

El privilegio es como un telescopio. Si ves por un extremo, adviertes un largo camino al ilimitado universo; si ves por el otro, tu mundo se reduce a una franja estrecha. Y como la vida es lo que hacemos de ella, la decisión de en qué dirección hacer girar el telescopio corresponde a cada uno de nosotros.

Menciono aquí esto porque, así como el privilegio puede ampliar o limitar nuestra noción de las opciones, también existe una relación compleja, y a veces paradójica, entre privilegio y *tiempo*.

Considérese esto: un privilegio de cualquier tipo *debería* concedernos el lujo de no tener que vivir deprisa. Cierto grado de seguridad financiera debería reducir la urgencia de entrar a la refriega de ganar dinero. Una familia comprensiva querrá dar tiempo a sus hijos para que busquen su felicidad. La educación debería volvernos humildes de cara a todo lo que aún no sabemos; debería darnos paciencia para aprender más.

El privilegio debería ayudarnos entonces a no precipitarnos en decisiones importantes o a no estropear cada fase de nuestro desarrollo, a causa de un impulso un tanto nervioso de pasar a la siguiente. Como en el caso de las opciones, el privilegio debe darnos *más* tiempo, no menos.

Pero tú no llegarías a esta conclusión observando la conducta de muchos jóvenes con un pasado privilegiado. ¿Existe gente más apresurada sobre la Tierra? Cursan a toda prisa la preparatoria para entrar a la universidad "correcta". Cursan a toda prisa la universidad para impresionar a los directores de los programas de posgrado "correctos". Sus veranos transcurren en medio de una masa indistinta de empleos de aprendizaje que lucirán bien en su currículum, y que les conseguirán un arranque de vía rápida en el banco, la casa de bolsa o el despacho de abogados. No es de sorprender entonces que algunos de ellos tengan sus llamadas crisis de los cuarenta a los treinta o treinta y cinco años; apenas si han hecho una pausa para respirar desde la adolescencia.

Déjame aclarar que no digo estas cosas en son de condena, sino de solidaridad. Comprendo que hay presiones reales y poderosas que obligan a la gente a adoptar ese agitado modo de vida. Como se ha dicho mucho, la actual generación joven es la primera cuyas perspectivas económicas y profesionales son, en general, menos halagüeñas que las de sus padres. La ansiedad y frustración que esto implica es totalmente comprensible. Nadie desea que lo entretengan en el andén justo cuando el tren está saliendo de la estación; nadie quiere quedarse sin sus beneficios justo en un momento en que la oferta parece reducirse.

Aun así, creo que debemos hacernos un par de preguntas básicas: ¿qué separa, por un lado, a la determinación positiva, pragmática y vigorosa de *aprovechar el momento* de, por el otro, una prisa casi a ciegas, no motivada por el entusiasmo y compromiso real, sino por el miedo aterrador a quedarse atrás? ¿En qué momento de nuestra ajetreada vida renunciamos a más de lo que podríamos ganar?

Permíteme una breve incursión en la nostalgia.

En los años sesenta y setenta, cuando yo era chico, se hacía énfasis en el valor de *encontrarse a uno mismo*. En apoyo a esta meta, la gente leía *Siddhartha* y *En el camino*; hacía una pausa en su carrera universitaria para viajar mochila al hombro a Europa o excursionar por Nepal. Se permitía descansos entre la universidad y el posgrado, entre el posgrado y el empleo de tiempo completo. El objetivo no era encajar simplemente en la vida, sino *hallar* el modo de vida correcto para cada uno.

Con el tiempo, claro, esa noción de encontrarse a uno mismo dejó de ser una inquietud para convertirse en un lugar común, y más tarde pasó a ser el remate de muchos malos chistes sobre los jóvenes de entonces como una bola de abstraídos que no hacían más que verse el ombligo. De acuerdo; es probable que el énfasis en encontrarse a uno mismo haya llegado demasiado lejos; así pasa siempre con las tendencias sociales, y por eso el péndulo oscila.

Lo cual es justamente lo que quiero decir: en los últimos años, creo yo, el péndulo ha llegado muy lejos en la dirección opuesta. En un mundo en el que todo, desde las computadoras hasta los ciclos económicos, parece moverse más rápido, aparentemente la introspección se considera un lujo parsimonioso que ya no podemos permitirnos. Incitados por el temor a quedarnos atrás, no nos atrevemos a darnos tiempo para aflojar el paso y pensar.

Sin embargo, la naturaleza humana no cambia sólo porque la economía suba o baje, o porque el envío instantáneo de textos tome el lugar del correo postal. Como dice una vieja canción, "aplica lo esencial".

Entre lo esencial está que las decisiones correctas son tardadas. Son procesos, no espasmos. Exigen conocimiento de uno mismo; y éste —¡nos guste o no!— demanda un examen de conciencia o, si lo prefieres, verse el ombligo. Y para esto hay que sentarse en paz. (La palabra *zen* se deriva, de hecho, de la práctica de meditación "za-zen", que significa literalmente "sentarse y ya".)

Comprendo que, para un joven apresurado, sentarse puede parecer una pérdida de tiempo. Pero me gustaría proponer otra manera de ver esto. Hacer una pausa para asomarse al corazón nunca es una pérdida de tiempo; es una inversión de tiempo, y en mi opinión una de las más productivas que una persona pueda hacer.

Cuando cumplí diecinueve años, como ya dije, recibí mi herencia familiar. Técnicamente, la dádiva procedía de mi abuelo: los ingresos por la venta de una granja de su propiedad, que mi padre había convertido en acciones de Berkshire Hathaway. Cuando las recibí, esas acciones valían aproximadamente noventa mil dólares. Se entendía que no debía esperar nada más.

Así que, ¿qué debía hacer con ese dinero? No había condiciones; podía hacer lo que fuera, la decisión era mía. ¿Comprar un auto lujoso y mudarme a un condominio en la playa? ¿Viajar por el mundo en primera clase? Por fortuna, esas extravagancias no iban conmigo. Asimismo, había tenido la ventaja de ver a mis hermanos agotar pronto casi todo su dinero; yo no quería seguir ese camino.

En el otro extremo, habría podido no hacer absolutamente *nada* con esas acciones, más que dejarlas en una cuenta y olvidarlas. Si hubiera elegido esta opción, ahora valdrían alrededor de setenta y dos millones de dólares. Pero no lo hice, y no lo lamento. La gente cree que miento o estoy loco cuando digo esto, pero es cierto: usé mis ahorritos para comprar algo infinitamente más valioso que el dinero: tiempo.

La suerte —o la vida— quiso que recibiera mi herencia justo cuando por fin me comprometía a seguir una carrera en la música. Como confío que esté claro para este momento, el mero hecho de asumir ese compromiso representó un gran avance para mí; significó que, al menos tentativamente, yo había aceptado mi ambivalencia, mi inseguridad, mis preocupaciones por las expectativas de los demás. Pero aunque asumir ese compromiso fue un tramo necesario en el camino a la madurez, apenas si era base suficiente para iniciar una carrera. Yo tenía aún mucho que aprender.

En el aspecto puramente musical, trabajaba todavía en mi técnica pianística, habiendo retomado mis clases por cuarta y —¡hasta ahora!— última vez. En el aspecto de la producción, me esmeraba en estar al tanto de las tecnologías de grabación, que cambiaban y se multiplicaban con increíble rapidez. Pero ni mi manera de tocar el piano ni mi aptitud creciente en el estudio eran un fin en sí mismas. Cada una de esas habilidades, independientes pero entrelazadas, era un medio para un fin mucho más importante y elusivo: hacer mi propia música.

Mi padre y yo solíamos hablar de esto. Una de sus películas favoritas era *The Glenn Miller Story*, y entre las cosas que más le gustaban de ella estaba la gran obsesión de ese director de orquesta por buscar su "sonido". Éste era ese algo misterioso que volvía distintiva e inmediatamente reconocible una canción o un arreglo de Glenn Miller. Este carácter distintivo es una especie de Santo Grial para muchos músicos, si no todos —piensa en Bob Dylan y Ella Fitzgerald— y, créeme, no se consigue fácilmente. (Aun el sublime Ray Charles comenzó su carrera imitando a Nat King Cole, antes de convertirse en *Ray Charles*.)

Pero aunque buscar "el sonido" es una tarea inmensa, no era la última pieza del rompecabezas. Como pragmático originario del Medio Oeste con ahorros muy limitados, yo sabía que tendría que encontrar la manera de convertir mis impulsos creativos en un modo de vida. Pero ¿cómo se hacía eso? ¿Cómo hallaría un público, o clientes, o una forma de vender lo que componía y producía? La cruel realidad es que, a esas alturas del partido, no tenía la menor idea de cómo hacerlo. Pero al menos tenía cada vez más claro que no lo descubriría quedándome en una universidad ¡y tomando todos los cursos de "Introducción a…" y —ología!

Decidí dejar Stanford y usar mi herencia para comprar el tiempo que tardaría en descubrir si realmente podía hacer algo en la música.

Con la ayuda de mi padre —¡es muy útil tener alguien en la familia que sea bueno para estas cosas!—, elaboré un presupuesto que me permitiera conservar mi capital el mayor tiempo posible, y me mudé a San Francisco, donde viví muy frugalmente: un pequeño departamento, un auto destartalado. Mi única extravagancia era poner al día y ampliar mi equipo de grabación.

Tocaba el piano, componía canciones, experimentaba con sonidos electrónicos y mezclas. Luego puse un anuncio clasificado en el *San Francisco Chronicle* para ofrecer grabaciones a todos los que se presentaran en el estudio de mi departamento.

Y esperé.

El dinero que heredé de mi abuelo era una cantidad relativamente modesta, pero sé muy bien que fue más de lo que recibe la mayoría de los jóvenes para ayudarse a forjar su camino en la vida. Disponer de ese dinero fue un privilegio, un don inmerecido; lo reconozco con gratitud. También reconozco que si hubiera tenido que ganarme la vida desde el primer día, no habría seguido mi camino como lo hice. Habría perseverado en la música (para entonces ya estaba seguro de eso), pero probablemente habría buscado trabajo en un estudio de grabación. Y, ¿quién sabe?, tal vez habría aprendido tanto o más; habría sido más astuto, en menos tiempo, en el aspecto comercial de la música; habría hecho contactos que habrían podido acelerar mi ascenso profesional. Éstas son algunas de las muchas cosas que jamás sabremos acerca de los caminos que finalmente no seguimos.

Como sea, el camino que *seguí* lo elegí solo. Fui de nueva cuenta privilegiado al poder comprar el tiempo necesario para explotar ese modo particular de hacer carrera. Pero lo que quiero decir es esto: *muchos* jóvenes igualmente privilegiados —en términos de dinero, apoyo emocional u oportunidades o talentos únicos— *no* aprovechan el lujo del tiempo, sino que se lanzan de cabeza a un trabajo que puede o no ser el indicado para ellos, que puede o no resultar satisfactorio. ¿Por qué hacen esto?

Creo que por dos razones. La primera es que muchas personas confunden el valor relativo del dinero y el tiempo.

Considera esto: cualquier economista te dirá que algo que no se puede remplazar es más valioso que algo que sí se puede. Y resulta que el dinero es lo único realmente remplazable. El dinero es abstracto; cada dólar es como cualquier otro. Esto no quiere decir que sea fácil ganar dinero, o que su falta no sea una preocupación seria. Tampoco pretendo restar importancia a las ansiedades propias de periodos económicos difíciles. Pero, aun así, *el dinero es remplazable*. Puedes tenerlo hoy, perderlo mañana y recuperarlo pasado mañana.

¿De qué más puede decirse lo mismo? No es posible remplazar a una persona o una experiencia; no se puede duplicar exactamente igual un atardecer o una sonora carcajada. Ni siquiera es posible reclamar un momento de la vida una vez que ha pasado; el tiempo perdido no se recupera jamás.

Con base en ese criterio, está clarísimo que el tiempo es más valioso que el dinero. Pero la gente tiende a vivir como si lo cierto fuera lo contrario; como si mañana o el año próximo fuera lo bastante pronto para conocerse a uno mismo y realizarse, mientras que el dinero debe llegar ya. Como si los sueños pudieran esperar pero el sueldo no.

Por supuesto que hay muchas situaciones en las que el sueldo *no* puede esperar. Si existe verdadera urgencia de satisfacer necesidades básicas, ganar dinero *es* forzosamente el mejor uso que puede darse al tiempo.

Pero ¿cómo definir esas "necesidades básicas"?

Esta interrogante apunta al fondo de la segunda razón de que muchas personas no aprovechen el don del tiempo: tienen una idea distorsionada y exagerada de lo que *necesitan*, lo cual es distinto a lo que *desean*.

Si realmente nos ceñimos a lo básico, los seres humanos necesitamos muy pocas cosas. Henry David Thoreau, en *Walden*, tras repasar un catálogo de los muebles, ropas y chucherías con que la gente llena su vida, aduce que las verdaderas necesidades se restringen a dos: comida y calor. Pero aun esta escueta descripción le resulta a Thoreau muy poco económica; resuelve que la comida es apenas un medio para proporcionar "calor interno". Así, las principales necesidades humanas se reducen a una: ¡mantener la temperatura del cuerpo!

Bueno, no conozco a muchas personas dispuestas a vivir tan austeramente como Thoreau, ni sugiero que sigamos literalmente el consejo de este autor. Pero creo que la idea está clara. Nuestras necesidades absolutas son contadas. Y cuantas más cosas creemos necesitar, más nos complicamos la existencia.

Estas necesidades fantasiosas nos impulsan a adquirir; la urgencia de adquirir dicta el uso de nuestro tiempo, y limita por tanto nuestra libertad. Cuantas más cosas creemos necesitar, menos libres somos; al contrario, nuestra libertad —el control de nuestro tiempo— aumenta gracias a todo aquello de lo que podemos prescindir.

Pero, lamentablemente, *prescindir* de cosas es algo en lo que muchas personas no parecen ser muy buenas. Gran número de ellas no parecen dispuestas a vivir frugalmente; o, si *tienen* que hacerlo, lo ven como una afrenta, un castigo que se les ha impuesto.

Como yo lo veo, vivir modestamente —en particular cuando somos jóvenes, en esencia aprendices en el accidentado camino al dominio de nuestra propia vida— no es un castigo, sino un desafío saludable. Estar quebrado o casi es una situación muy apropiada en cierta etapa de la vida. Pone a prueba nuestro humor e ingenio; desplaza convenientemente nuestra atención de las cosas a las personas y las experiencias. ¡No es una tragedia!

Es obvio que no todos los jóvenes estarían de acuerdo conmigo. Esto se debe en parte, creo yo, a que, sencillamente, muchos no saben *cómo* ser frugales, cómo prescindir de cosas, habilidad vital que nunca han aprendido; y en eso, hay que decirlo, son cómplices sus padres y la sociedad en general.

Lo cual nos conduce a un tema delicado. No quiero parecer negativo ni erigirme en juez, pero he resuelto hacer todo lo posible por ser realista y honesto en estas páginas, y la verdad lisa y llana es que hay muchos niños mimados en este mundo. Muchos padres, con la más generosa y dulce de las intenciones, han imbuido a sus hijos e hijas de prioridades cuestionables y, a veces, expectativas poco realistas. Esto forma parte del síndrome de la espada de doble filo, y tiene consecuencias concretas en términos de cómo esos hijos e hijas definen sus valores, organizan su vida y deciden cómo usarán su tiempo.

Si un niño crece recibiendo regalos pródigos y costosos todas las navidades y en cada cumpleaños, es natural que los asocie con el amor y seguridad detrás de ellos (o, peor todavía, que los vea como sustitutos de ese amor y esa seguridad). Tal vez de joven siga buscando confort y reafirmación en las cosas bonitas del centro comercial, y se sienta privado, y hasta disminuido, si ya no puede permitírselas. Si una niña crece en una recámara enorme y soleada, a cargo de un ama de llaves, podría serle difícil ver lo apropiado y ventajoso de compartir un pequeño departamento con compañeras de presupuesto restringido.

En ambos casos, existe una confusión entre *necesidades* y *deseos*; y, al menos en parte, la fuente de esa confusión es la insensata generosidad de los padres, que produce una impresión distorsionada de lo que es razonable esperar de la vida, y en qué momento.

Para decir algo que debería resultar obvio, no es razonable o "normal" vivir lujosamente de estudiante, como un joven que se inicia en el mundo. En esos años empezamos en serio a hacer nuestra vida; emprendemos la aventura de ganarnos nuestras recompensas. Si esperamos conquistar la dignidad que se desprende de la independencia, no es realista —y ni siquiera honesto— imaginar que, con apenas una pausa o tropiezo, podemos seguir viviendo como nuestra acaudalada familia.

En el curso normal de las cosas, las recompensas llegan *de modo gradual*. Esto forma parte del suspenso y la alegría de vivir: que nos sintamos avanzar, que nuestra aptitud y conocimiento aumentan y se compensa nuestro progreso, ya sea en dinero, ascenso profesional o satisfacción creativa. El éxito, como quiera que lo definamos, llega poco a poco.

Este proceso, en mi opinión, debe saborearse. Si tratamos de apresurarlo, saldremos perdiendo. Pero todo se reduce de nuevo a la pregunta de qué valoramos más: el dinero o el tiempo. ¿Aceptamos el puesto con primas contractuales y alto salario inicial porque sentimos la necesidad de prosperar desde el primer día? ¿O vivimos modestamente para poder explorar nuestras opciones respecto al trabajo que realmente queremos? (O bien, ¿renunciamos por completo a nuestra independencia y volvemos a casa, donde el refri siempre está lleno y alguien limpia nuestro cuarto?)

¿Seguimos el camino presumiblemente más fácil del filete y la champaña, o vivimos un rato de queso cottage y manzanas, dándonos tiempo para desarrollarnos?

No conozco a nadie a quien le haya hecho daño vivir un rato de queso cottage y manzanas.

El tiempo tiene otro atractivo: es el medio en el que la suerte puede ocurrir.

La suerte, buena o mala, está presente en toda vida, aunque tienda a pensarse que la buena suerte es consecuencia del mérito personal, mientras que la mala procede de una malévola fuente externa. Sea como fuere, por lo general la suerte tarda en encontrarnos. Y estamos en mejor posición para reconocerla y aprovecharla si hemos invertido cierto esfuerzo preparándonos para ella. Como dijo Louis Pasteur sobre sus descubrimientos científicos, aparentemente casuales: "La suerte favorece a la mente preparada".

En mi caso, un poco de muy importante buena suerte dio conmigo un día de 1981 mientras lavaba mi espantoso auto junto a una banqueta en San Francisco.

Para entonces tenía unos dos años viviendo solo. Cuidadosamente administrados, mis ahorritos me habían alcanzado hasta empezar a ganar un poco de dinero con mi música. Éste no era todavía un modo de vida; mis ingresos eran míseros, esporádicos y por completo inseguros. Aun así, hacía y ganaba lo suficiente para, al menos en privado, sentir que podía reclamar para mí el título honorífico de "músico trabajador". ¡O al menos de músico *sin recursos*!

Parte de la razón de que haya podido mantenerme ocupado durante ese tiempo era que aceptaba prácticamente cualquier tocada, aun sin remuneración. Escribía canciones para aprender el oficio. Componía música para cortometrajes, a fin de explorar los misterios de ajustar la música a la imagen, y de usar el sonido para reforzar una historia. Para mí, esos retos eran fascinantes, si no es que habilidades de sobrevivencia para un compositor novato.

Aposté por la creciente interacción entre música y tecnología, poniendo al día mi equipo de grabación cada vez que podía permitírmelo, y tratando de estar al tanto de los avances más recientes no sólo en tecnología de audio, sino también de video. Consideraba cada trabajo como una especie de proyecto universitario, valioso por lo que me enseñaría; si además había día de cobro, mucho mejor.

Lo cual nos lleva a ese afortunado día de 1981.

Ante la necesidad de descansar del teclado, tomé una cubeta y unas esponjas y salí a lavar mi abollado Volkswagen Rabbit. Era un día benigno y soleado —algo muy raro en San Francisco—, y la gente había salido a pasear, trabajar en su jardín o sentarse en la entrada de su casa. Un vecino al que solía saludar apenas con una inclinación de cabeza pasó casualmente a mi lado. Se detuvo mientras yo enjabonaba y enjuagaba mi auto; me sentí un poco como Tom Sawyer encalando la cerca.

Nos pusimos a platicar, y en el curso de la conversación me preguntó a qué me dedicaba. Cuando le dije que era un compositor sin recursos, me sugirió ponerme en contacto con su yerno, un animador siempre necesitado de música.

Así lo hice, y me entrevisté con el yerno y sus colegas. Resultó que tenían trabajo que ofrecerme, aunque de naturaleza, francamente, muy decepcionante. Les habían encargado crear "intersticios" de diez segundos —anuncios rápidos destinados a exhibir un logo y establecer una marca— para un canal de cable recién concebido.

¿Diez segundos? ¿Qué podía componerse que durara diez segundos y fuera algo más que un fragmento de un *jingle* publicitario?

¿Televisión por cable? Por extraño que parezca, en 1981 el cable era un medio marginal, aún no extensamente distribuido y con un futuro en absoluto asegurado.

¿Y un canal recién concebido, nada menos? ¿En verdad se le pondría en marcha, y vería alguna vez la luz del día?

Acepté el trabajo de todas maneras, claro. Y ese canal de cable sí que echó a andar: llegó a la luna. ¡Se llamaba MTV! Se puso de moda, y fue uno de los fenómenos culturales definitivos de la década de 1980.

De repente, *muchos* medios televisivos querían parecerse y *sonar* como MTV. Los anunciantes querían que sus productos se montaran con imágenes y música como las de MTV. Aun las películas asimilaron la influencia, y deseaban algo con esa moderna sensación cinéticoelectrónica. Baste decir que ya no tuve que aceptar ningún trabajo sin remuneración.

¿La moraleja de esta historia? Bueno, podría decir que es la de que te conviene lavar tu auto; si yo no hubiera vivido tan frugalmente, ¡quizá habría ido a un autolavado profesional y jamás me habría encontrado con mi vecino!

Pero, ya en serio, pienso que la lección más importante nos devuelve a la pregunta de cómo usamos nuestro tiempo.

Si yo hubiera intentado apresurar mi destino —¡como si el destino pudiera apresurarse!—, no habría estado preparado para admitir y explotar mi afortunado receso. Sin esos cientos de horas no remuneradas que me pasé tonteando con mi equipo de grabación, no habría hallado mi sonido propio, mi método. Esto requirió paciencia. La paciencia, a su vez, requirió confianza en que las cosas buenas llegarían a su tiempo. Habría sido una temeridad arrogante creer que yo podía forzar el *tempo*; lo único que podía hacer era *prepararme*.

¿Prepararme para qué, exactamente? No podría haberlo sabido de antemano. Y esto sugiere otra actitud muy útil para hacer el mejor uso posible de nuestro tiempo: humildad. Tuve que reconocer que, dados los límites de mi conocimiento y experiencia, no podía saber qué pasaría después, y ni siquiera, con ningún grado de exactitud, qué deseaba que pasara después.

Así pues, ¿qué sentido tiene avanzar a toda velocidad por la vida sin saber siquiera adónde queremos ir?

7 No te limites a buscar tu felicidad: hazla

Descubrir nuestra verdadera vocación es un hito enorme en el camino a hacer de nuestra vida lo que queremos. Pero es sólo el primer paso.

Comprar tiempo para explorar las implicaciones y retos de esa vocación también es un proceso importante. Pero es sólo el segundo paso.

La gran pregunta aún por formular es ésta: una vez que hemos encontrado nuestra vocación, ¿qué debemos *hacer* con ella?

Soy lo bastante oriundo del Medio Oeste, y lo bastante hijo de mi padre, para adoptar una visión pragmática de esa pregunta. Si queremos que nuestra vocación se convierta en nuestro modo de vida —más que en un pasatiempo o en sueños vagos de cosas que algún día completaremos—, la verdad simple y cruel es que debemos buscar la manera de que produzca ganancias.

Esto nos lleva a otra de esas delicadas coyunturas en las que el péndulo de las modas sociales ha oscilado y vuelto a oscilar. Me refiero a la forma en que juzgamos la interacción entre lo que *queremos* y lo que *debemos* hacer. Más precisamente, a la compleja relación entre lo que valoramos y aquello por lo que el mundo exterior nos pagará.

En los años sesenta y setenta, muchos jóvenes tendieron a obsesionarse y horrorizarse con la noción de "venderse". Cualquier arreglo con el mercado era sospechoso; trabajar para una gran compañía o corporación era *sumamente* sospechoso. La idea era, al parecer, que al aceptar un empleo "formal", o satisfacer las demandas del jefe, o complacer a un cliente, necesariamente nos traicionábamos a nosotros mismos. Más aún: traicionábamos los ideales y singularidad de toda nuestra generación.

Con el beneficio de la visión retrospectiva, hoy parece claro que el individualismo extremo de los sesenta, y la pasión con que se insistía en él, fue una reacción contra la igualmente extrema conformidad de los años cincuenta, la época del Hombre de la Organización y el pasajero impersonal de traje de franela gris. ¿Quién quería ser *así*?

El problema era, desde luego, que ese horror de venderse rebasó los límites de lo razonable, y pasó por alto también algunas realidades económicas básicas. Aun en esos mejores tiempos para la economía, ¡muchos vivían de producir ropa teñida con motivos psicodélicos, vender incienso o tocar la pandereta!

En los últimos años, bajo la tensión de perspectivas económicas mucho más inciertas, el péndulo ha vuelto a oscilar. Hoy, a muchas personas —tanto profesionales experimentados como quienes apenas se integran a la fuerza de trabajo— no parece preocuparles venderse; al contrario, parecen desesperadas por *comprar*. Más que sospechar del mercado, ansían abrazarlo, y adoptar sus valores sin chistar.

Pero ¿y sus propios valores? ¿Sus pasiones? ¿Sus convicciones acerca de lo que constituye una vida plena?

En tiempos difíciles en los que el futuro parece sombrío, hay una tendencia a ver los sueños y preferencias propios como lujos que ya no podemos permitirnos. La preocupación inmediata es conseguir trabajo, y conservarlo. Pese a que esta actitud es absolutamente comprensible, no creo que se sostenga como fórmula a largo plazo de felicidad y dignidad.

Permíteme aclarar que no abogo por volver a la "marginación" y el jipismo. Acepto y hasta celebro la necesidad de ganarnos la vida. Ganarse la vida es uno de los retos que definen el carácter en la existencia.

Lo que intento explicar es la idea de *equilibrio*. Si esperamos ser fieles a nosotros mismos, cumplir nuestra vocación al tiempo que pagamos la renta y llevamos el pan a nuestra mesa, debemos buscar el punto ideal en que nuestras aptitudes e inclinaciones individuales se cruzan con el mundo del comercio. Debemos resolver qué es lo que genuinamente queremos hacer... y que el mundo valorará lo suficiente para comprarlo.

Hace años tropecé con una observación del escritor Bernard Malamud que me quedó grabada en la memoria. Malamud fue una de esas afortunadas —y muy talentosas— personas que parecen tenerlo todo. Su obra era elogiada por la crítica; sus cuentos se publicaban en revistas prestigiosas como *Esquire* y el *New Yorker*. A diferencia de muchos escritores "literarios", también tenía éxito comercial. Sus novelas se incluían en las listas de best sellers; de al menos dos de ellas, *El mejor* y *El reparador*, se hicieron versiones cinematográficas notables.

En la introducción de una de sus colecciones de cuentos, Malamud señaló que "ningún buen autor escribe tan bien como quisiera".

Es una frase tan simple e irrelevante que la pasé por alto, hasta que al reflexionar en ella me di cuenta de que era un comentario deslumbrante.

Ningún buen autor escribe tan bien como quisiera.

Tenme un poco de paciencia mientras intento analizar esta aseveración, porque creo que en ella hay algo muy importante. Lo que Malamud quiso decir, supongo, es que es un mito creer que un escritor profesional, por talentoso o experimentado que sea, se sienta sencillamente al teclado y deja que le salgan las palabras. No, hay otro paso implicado en esto, una mediación. Está primero el impulso del autor, que es apasionado; luego, la consideración del posible lector, que es práctica, y la obra final es producto de estos dos factores.

Nótese que no la llamé arreglo; no es un arreglo.

Representa más bien la aplicación de varias habilidades, cada una de las cuales forma parte integral, en este caso, del talento de Malamud. Además de lo que concebimos como el aspecto puramente "creativo", está la claridad requerida para entender el mercado, y la disciplina y habilidad necesarias para llevar hasta el público la visión propia. Malamud usa todos esos talentos para hallar su punto ideal artístico y comercial;

y lo hace *sin dejar de sonar nunca como él mismo y nadie más*, lo cual es más impresionante aún.

Ahora bien, si esta dinámica se aplicara sólo a los escritores, o únicamente a los individuos pertenecientes al "tipo creativo" en general, tal vez no valdría la pena analizarla aquí. Pero creo que esa aseveración de Malamud contiene una lección importante para *todos*, y sin duda para quien espera convertir una vocación apasionada en un modo de vida.

Tal lección es ésta, en términos llanos. Cuando hacemos algo por dinero, ya sea escribir un cuento o cavar una zanja, debemos complacer a quien nos paga; *pero eso no hace ese trabajo menos nuestro.*

La paradoja es que el producto terminado, sea cual fuere, nos pertenece tanto como al comprador. Hemos dejado nuestra huella en él; hemos puesto en él nuestra excepcionalidad. Puesto que forma parte *de lo que hacemos*, también se ha convertido en parte de *lo que somos*.

Aceptar esta paradoja —vender algo pero seguir poseyéndolo— forma parte de nuestra conversión en profesionales. De nuestra transición entre buscar nuestra felicidad y *hacerla.*

Mi entrada al mundo de la composición profesional fue como autor de música para comerciales de televisión. La publicidad es, por supuesto, un campo en el que la creatividad y el comercio están perfecta y totalmente entrelazados. De hecho, el lema de una de las grandes agencias de publicidad pioneras, Benton y Bowles, era "Si no vende, no es creativo". Este sentir puede volver locos a ciertos puristas, pero, ¡oigan!, bienvenidos a la realidad.

Había muchas útiles lecciones por aprender de la composición para comerciales, y la mayoría eran lecciones de humildad. Quizá la más importante fue ésta: tuve que reconocer y aceptar el hecho de que trabajaba en una industria de servicios. Mi música no era un fin en sí misma. Formaba parte de un concepto más general, no ideado como obra de arte, sino como medio para vender un producto.

Comprende que no digo esto por desdén o disculpa; como todo en la vida, componer para comerciales puede hacerse bien o mal; y hacerlo bien implica dignidad y estatura. Aun así, la realidad es que yo estaba ahí para servir al cliente; aceptar esto —entenderlo de veras— era parte importante de hacerse profesional, de convertir una vocación en modo de vida.

Como corolario de esta lección fundamental, también tuve que aceptar que mi música, en la que ponía cuerpo y alma, rara vez era la parte más importante del paquete publicitario. El producto era con mucho la parte más importante. Luego estaban las imágenes, dado que la televisión, después de todo, es un medio principalmente visual. Seguía quizá un concepto fresco o un lema pegajoso. Y *luego* estaba la música. En el mejor de los casos, ésta desempeñaba un valioso papel secundario, fijando el tono o estableciendo una actitud; en el peor, era un simple relleno o una adición de última hora.

Pero he aquí algo que aprendí, y que creo que se aplica a quienes trabajan en cualquier campo: por importante que fuera o no la música, yo debía abordarla *como si fuera la parte más importante del proceso*.

Y esto por dos razones. La primera era mi dignidad personal. Como ya vimos, hacer algo por dinero conlleva una paradoja: lo vendes, pero sigue siendo parte de lo que eres. Si yo hacía un trabajo a la ligera, si me permitía creer que mi contribución en realidad no importaba mucho, no sólo engañaba al cliente; también me hacía un flaco favor a mí mismo. Ofrecía algo inferior a mi capacidad; y aun si nadie lo notaba más que yo, en esa insuficiencia había cierta degradación. Un trabajo desaliñado perduraría como una vergüenza personal.

La otra razón para actuar siempre *como si* el trabajo propio fuera muy importante es más práctica: ésa es la mejor, y quizá la única, manera de crecer como profesional. La vida es una escuela; todo trabajo es una oportunidad de aprender. Todo reto planteado por el mundo nos brinda una oportunidad de afinar nuestras habilidades y precisar con más claridad nuestras percepciones.

Cuento con una especie de imagen budista que creo que se aplica a esto: afilar un cuchillo. El cuchillo es cada uno de nosotros. El mundo exterior, con sus demandas y expectativas, es la piedra de afilar. Para conservar nuestro filo, debemos someternos a la fricción de la piedra. Esto implica valor, porque la piedra es enorme y su frote incesante; también implica humildad, la comprensión de que la piedra seguirá girando mucho después de que nuestra modesta sustancia se haya consumido. Para obtener el mayor beneficio —el filo más agudo— de la colisión entre el cuchillo y la piedra, se precisa de cierta combinación de pasividad y actividad. Debemos rendirnos a la fricción de la piedra; pero también debemos mantener nuestra deliberada posición inicial en el ángulo apropiado y con la firmeza adecuada, para que el acero resuene, vuelen chispas —chispas de creatividad, pasión y compromiso— y nosotros salgamos mejorados y renovados.

De acuerdo: en el mundo ordinario del trabajo, la fricción que saca chispas no procede de la piedra de afilar, sino de nuestra interacción con los demás. Esto se debe a que trabajar por dinero implica necesariamente una relación; de hecho, una matriz de relaciones. Y nuestra forma de enfrentar esas relaciones —con jefes, colegas, clientes— determina en gran medida no sólo nuestro nivel de éxito profesional, sino también la seguridad con que podemos equilibrar las demandas, a veces opuestas, de nuestro ego y nuestra profesión.

Permítaseme ilustrar algunos aspectos de esta dinámica con un ejemplo.

Yo tiendo a ser muy autocrítico; rara vez, si alguna, me siento completamente satisfecho con algo que hice. Pero cuando empecé a componer para comerciales, en ocasiones daba con una tonada o sonido del que me enamoraba; me reunía entonces con el cliente completamente seguro de haber dado en el clavo.

Pero a veces al cliente no le gustaba lo que yo había hecho. ¡A veces le *repugnaba*! A veces pensaba que justo la parte que a mí me seducía era la que no funcionaba.

Bueno… ¿de qué manera lidia uno con una situación así (que no sea aguantarse y ganarse un dolor de barriga)? Siendo como es la naturaleza humana, existe un impulso, probablemente universal, a reaccionar a la defensiva. "¡Sé que tengo la razón! ¡Ese tipo debe ser un idiota!"

Una reacción comprensible, pero que ¿adónde te lleva? A corto plazo, tal vez a que te despidan. Y a largo y más importante plazo, te priva de una oportunidad de aprender.

Quizá el cliente no sea un idiota. Quizá comprende cosas del ramo que tú aún estás por entender. Tal vez tiene una amplia perspectiva que tú debes alcanzar todavía. Y quizá si en verdad te abrieras y lo escucharas —en lugar de ponerte a la defensiva y sentirte ofendido—, este proceso te volvería mejor en lo que haces.

Otra vez, lo que se necesita en situaciones como ésta es uno de esos actos de malabarismo de los que tanto dependen nuestra felicidad y dignidad. Debemos equilibrar nuestro ego con las legítimas demandas de nuestras relaciones de trabajo. Nuestra vida sólo nos pertenece a nosotros; también nuestro trabajo; pero, en muy alta medida, el mundo exterior nos define. Si no consideramos abierta y honestamente la reacción que obtenemos de él, ¿cómo podremos saber si vamos bien, si estamos logrando algo de valor? ¿Si siquiera estamos logrando algo?

Así, por ejemplo, yo tuve que aprender que mi entusiasmo por una canción o concepto musical —aunque parte necesaria de hacer bien un trabajo— no lo era todo. También debía gustarle a otras personas. Y si esto no ocurría, yo debía estar preparado para cambiarlo o guardarlo en un cajón y volver a empezar.

Pero éste es el meollo del asunto. Descubrí que si no me resistía a la reacción, si no sucumbía a la frustración ni al resentimiento, terminaba casi siempre con algo mejor que aquello con lo que había empezado.

Y también me di cuenta de que tenía una deuda de gratitud con los clientes y colegas que me conducían a la melodía terminada, aun cuando el trayecto hubiera sido accidentado. Escucharlos —honrar nuestra relación— me volvía mejor.

Componer música es en esencia una actividad solitaria. Una tonada, ritmo o patrón se forma misteriosamente en la cabeza del compositor, se resuelve en notas que pueden tocarse en un teclado o escribirse en un pentagrama, y sólo entonces puede compartirse con los demás.

Pero si componer es un acto solitario, componer para vivir es necesariamente cooperativo. Ésta es una paradoja más, otra posible fuente de conflicto o frustración en el punto en que el yo choca con el mundo exterior. ¿Cuándo una tonada deja de ser *mía* para volverse *de ellos*? ¿Cómo enfrento el proceso, a menudo penoso, de soltarla? Freud llamaba al deseo de aferrarse a algo un caso de retención anal infantil. Tal vez así sea. Pero el impulso a hacerlo es innegable. El conflicto es éste: una vez que he creado algo, no me gusta que otras personas se metan con ello; pero una vez que he *vendido* algo, otras personas tienen en eso un interés totalmente legítimo.

¿Cómo resolver este conflicto?

En los primeros años de mi carrera, solía temer los inevitables momentos en que un cliente se me acercaba para mirar literalmente sobre mi hombro mientras yo estaba sentado frente al teclado, y me decía: "A ver qué se le ocurre" o "Denos algo latino", o me sugería "algo más alegre".

Frente a ese alud de aportes y expectativas apremiantes, yo sentía una oleada de ansiedad que hacía todo lo posible por ocultar. Pero se me secaba la boca, me quedaba en blanco y, al mirar el conocido teclado, por un momento me parecía extraño. Usualmente lograba idear algo adecuado —ése era mi trabajo, después de todo—, pero el proceso era tortuoso.

Con el tiempo, sin embargo, se volvió fácil. ¿Por qué? Porque, gracias a la experiencia antes que a una reflexión consciente, pasé por un simple pero profundo ajuste de actitud. Durante los primeros años, cuando se me pedía componer a la carrera, veía este proceso como una dualidad. Se me pedía rendir, mientras *él* —el cliente— planteaba exigencias. Se me pedía crear, mientras *él* se disponía a juzgar.

Con más experiencia y creciente seguridad, no obstante, terminé por entender que mi manera de ver ese asunto no era productiva ni certera. Una tarea no era un caso de *él* y *yo*. La cuestión era tratar de hacer algo *juntos*. Éramos compañeros de equipo, no adversarios; yo debía respetar su contribución al proceso. Pero para hacerlo, debía relajarme, vencer mi inseguridad.

Tenía que entender que mi trabajo no dejaba de ser mío —tal vez *más* mío aún— cuando cedía mi derecho exclusivo a él y permitía que se volviera cooperativo.

Enfatizo esta dinámica y esa transición porque creo que *todo* trabajo es, antes que nada, una creación solitaria. Aun el equipo de trabajo más eficiente en apariencia, empieza con individuos que realizan su mejor esfuerzo, y más tarde hacen causa común con sus compañeros.

¿Alguna vez has visto los créditos que pasan al final de una película? *Cientos* de personas trabajaron para llevar esa cinta a la pantalla; apenas si podría imaginarse un proyecto más cabalmente cooperativo. Aun así, *al momento de efectuar sus tareas*, todas y cada una de esas personas trabajaron solas. Cada una puso algo de sí en el producto; cada una se juega su orgullo y profesionalismo.

Lo mismo que en un set cinematográfico sucede en una escuela, clínica o fundación: en todas partes donde varias personas trabajan *tanto juntas como por separado* para cumplir una meta que engloba las pasiones y aspiraciones de todas. Mediante la cooperación y el trabajo en equipo, la gente puede hacer cosas más grandes y espléndidas que un individuo; pero el trabajo en equipo sólo se logra si la gente empeña en el esfuerzo su singularidad y talentos especiales.

Cada persona da algo. Y cada persona sigue siendo dueña de lo que dio.

Esta interpretación es, creo yo, un puente crucial entre *buscar* nuestra felicidad y *hacerla*.

Buscar nuestra felicidad es, en esencia, un viaje de descubrimiento individual. ¿Dónde residen nuestros talentos? ¿Qué es lo que verdaderamente nos importa? ¿Qué actividades nos hacen sentirnos fieles a nosotros mismos, que vivimos como estamos llamados a hacerlo?

Hacer nuestra felicidad supone un viaje distinto, más allá de nosotros. Los talentos y aptitudes que descubrimos, ¿cómo se relacionan con el mundo fuera de nuestra piel? ¿Qué *necesita* el mundo de nosotros? ¿Dónde ocurre la muy importante intersección entre lo que valoramos en nosotros y lo que el mundo valorará de nosotros?

Hallar esa intersección es uno de los mayores retos en la vida. Y si tenemos la suerte de encontrarla —y, más aún, de poder ganarnos la vida en ella—, recibiremos una oportunidad inmejorable de realizarnos en nuestro trabajo.

8 Portales de descubrimiento

Un hombre genial no comete errores. Sus errores son voluntarios y son los portales de descubrimiento.

James Joyce escribió esto en referencia a Shakespeare. Quizá sea cierto tratándose de genios; ¿quién sabe? Pero el resto de nosotros cometemos *muchos* errores, y no intencionalmente. Cometemos errores porque somos humanos.

Cometemos errores porque sabemos muy poco; cometemos errores porque creemos saber más de lo que sabemos.

Cometemos errores cuando descuidamos la importancia de un momento; cometemos errores cuando *sólo* pensamos en el momento.

Cometemos errores cuando nos impacientamos; igualmente, cometemos errores cuando somos indecisos. Hay actos insensatos; hay insensateces por no actuar.

Cometemos errores por temeridad; cometemos errores por timidez. Cometemos errores cuando somos demasiado ambiciosos y cuando no somos lo bastante ambiciosos.

Cometemos errores cuando permitimos que nuestros actos se aparten de nuestros valores.

Así como los errores tienen muchas causas, también son de todas las formas y tamaños. Hay pequeñas pifias que nos abochornan un momento; hay errores garrafales que nos llenan de disgusto y remordimiento durante años, e incluso décadas. Pero sea cual fuere su origen y escala, todos nuestros errores tienen algo en común: son oportunidades de aprendizaje.

Son portales de descubrimiento, no sólo para los genios, sino también para el resto de nosotros.

Cuando damos una respuesta equivocada a una de las innumerables preguntas de la vida, estamos al menos un paso más cerca de una respuesta correcta, o cuando menos de la indicada para nosotros. Cuando nos defraudamos por falta de atención o convicción, la punzada que sentimos es un sano recordatorio de que debemos preservar nuestro nivel y mantenernos alerta. Cuando metemos la pata, y enfrentamos las consecuencias, tenemos la oportunidad de deducir qué *no* marcha bien, y por qué.

En suma, echando a perder se crece.

Subrayo esto porque he observado que, en especial en momentos difíciles o inciertos, numerosas personas parecen tener mucho miedo de cometer errores, como si un error fuera una humillación personal de la que nunca nos recuperáramos, el temido "estigma" permanente.

Pero no es así. Es muy raro que los errores sean permanentes; la mayoría puede corregirse menos difícil y dramáticamente de lo que se cree, y no hay nada vergonzoso en cometerlos. Hay, en cambio, algo triste y restrictivo en el *temor* a cometerlos.

Si nos dejamos controlar por el temor a tropezar, sólo recorreremos los caminos más trillados. Si no nos permitimos estropear algo, nos rehusaremos a correr riesgos; y si no corremos riesgos, quizá nunca encontremos nuestra pasión o nuestra verdadera personalidad. Si tememos que el ritmo de nuestro tambor nos haga perder el paso, sólo podremos marchar con los demás.

¿Y sabes qué? Aun si nos conducimos del modo más inofensivo posible, ¡cometeremos errores! Nos pasa a todos. Los errores son inevitables. Forman parte de la vida.

Si la vida es lo que hacemos de ella, y si queremos que sea intensa y auténtica, tenemos que aceptar el hecho de que, de vez en cuando, haremos tonterías. No podemos eliminar los errores, pero sí aceptarlos.

Admitámoslos cuando ocurren, perdonémonos por cometerlos y, sobre todo, aprendamos de ellos.

¡Ningún error debe desperdiciarse!

Permíteme contarte una historia de dos hermanos.

Crecieron en California, en condiciones de desahogo, aunque no de abundancia. Su padre era ingeniero y trabajaba en una compañía privada que tenía contratos con la NASA. Su madre era maestra, pero interrumpió su carrera mientras ellos eran chicos, y después se hizo profesora de inglés como segunda lengua.

Sin embargo, la ingeniería fijó aparentemente la norma en cuanto a las carreras apropiadas. El padre había trabajado durante décadas en la misma compañía; tenía estabilidad, seguridad, vacaciones pagadas, prestaciones. Trabajaba mucho, pero en general parecía felizmente libre de las tensiones e incertidumbres que acompañan a muchas profesiones. Además, aún parecía deleitarle lo que hacía para ganarse la vida. Hablaba con entusiasmo casi infantil de la extraordinaria elegancia del ala de un avión, la inconcebible propulsión del motor de un cohete.

Sus hijos parecieron heredar parte de las aptitudes del padre, aunque no todas. Ambos eran brillantes; las matemáticas y las ciencias se les facilitaban especialmente. En términos de sus inclinaciones académicas, parecían más que aptos para seguir los pasos de su padre y hacerse ingenieros.

Pero algo faltaba. Ese algo era: pasión. Para el padre, la ingeniería era emocionante y satisfactoria. Para los hijos era simplemente la opción predeterminada, la elección esperada. Parecía la opción más segura, el camino menos proclive a error.

Uno de los hermanos, Jeff, siguió ese camino trillado y se hizo ingeniero eléctrico. Esto ocurrió durante los años noventa, cuando la ingeniería eléctrica era un excelente pasaporte profesional. Jeff entró a trabajar a una compañía desarrolladora de software donde ganaba muy bien. No le gustaba su trabajo, pero tampoco lo aborrecía. Era sencillamente lo que tenía que hacer. Y estaba bien.

Su hermano, Dan, se resistía al influjo de la elección esperada. No sabía en realidad qué quería hacer. Esto causaba enorme ansiedad a su familia, y muchas dificultades a él. No mantenía un curso fijo; cambiaba de opinión sin cesar. *Cometía errores*. Se tituló de ingeniero, pero no quiso ejercer como tal. Coqueteó entonces con la idea de ser chef, pero terminó sintiendo que, aunque le fascinaba la operación interna de los restaurantes, lo que despertaba su interés no era la comida propiamente dicha. Magnífico: ya tenía una profesión que no ejercía y cierta experiencia de trabajo que no le interesaba incrementar. ¡Errores y más errores!

Llegó el nuevo milenio, las compañías de computación se desplomaron y Jeff, el hermano solvente, se quedó sin empleo. No fue su culpa; como a muchos otros, lo alcanzó una crisis económica que nadie había podido prever ni parecía capaz de controlar. Aun así, la notificación de despido lo obligó a reevaluar muchas de las decisiones que había tomado.

"Fue un proceso difícil, pero muy interesante", dice Jeff acerca de esa reevaluación. "Al principio creí que mi error había sido que me despidieran. Era natural, ¿no? Un día tenía empleo y al siguiente no. Mi falta había sido perder mi trabajo. Pero luego me di cuenta de que no era así. El error no fue que me despidieran; esto sólo dio ocasión para *considerar* el error. El verdadero error fue haber aceptado ese empleo en primer término.

"¿Por qué lo acepté? Nunca me entusiasmó. Lo acepté porque creí que era seguro. Porque me ahorraría los problemas y la ansiedad de pensar demasiado en otras posibilidades. ¡Mi error fue creer que podía evitar errores!"

Penoso reconocimiento. Pero, insisto, los errores son reveses temporales, no desastres permanentes; correcciones de curso antes que derrotas. Y si hay una buena noticia en una crisis económica —ya sea el desplome de compañías de computación o la crisis financiera de años más recientes—, es la de que los tiempos difíciles obligan a muchas personas a hacer necesarias reevaluaciones que, a largo plazo, producen una vida más plena.

Sin empleo, Jeff tuvo tiempo de pensar en lo que le había gustado y no de su antiguo trabajo. Le gustaban las ciencias; le apasionaban las posibilidades de la innovación tecnológica. No le gustaba sentarse en un cubículo, ni comunicarse con máquinas en vez de personas.

En conocimiento de esto —obtenido gracias a su "error" previo—, repuntó en una nueva trayectoria. Solicitó su ingreso a la escuela de leyes y se hizo abogado de patentes. Utiliza como tal sus conocimientos de ciencias, y trabaja muy de cerca con personas al servicio de la innovación. Ésta es una síntesis perfecta para él; pero para llegar a ella tuvo que hacer un análisis claro y honesto de lo que había hecho mal en primera instancia.

¿Y su hermano, que parecía haber dado tumbos de la escuela de ingeniería al ramo restaurantero y de ahí a otra área? También él halló su síntesis gracias a cosas que no le dieron resultado.

El plan de estudios de ingeniería no satisfacía su lado creativo, independiente. Su incursión en la industria alimentaria le demostró que no tenía temperamento para ser chef. Al trabajar en cocinas de restaurantes, sin embargo, se descubrió pensando como ingeniero. Veía cada cocina como una especie de fábrica, cada aparato y utensilio como una pieza en un proceso de producción. ¿Cómo lograr que la fábrica operara con más eficiencia? ¿Cómo ahorrar tiempo y energía? ¿Cómo mejorar la seguridad, y proteger mejor al personal de cocina contra quemaduras y dolor de espalda?

Dan acabó por percatarse de que sus meandros e intentos fallidos le habían concedido una serie de habilidades sumamente rara y útil. Podía hacer dibujos esquemáticos; conocía la ciencia del calor y de los materiales. Sabía de primera mano cómo eran las grandes ollas comerciales, lo crucial del espaciamiento en una línea de producción de cocina.

Se volvió entonces diseñador industrial, especializado en cocinas comerciales. Luego de tantos tropiezos, se había abierto paso justo donde debía estar.

Bueno, de acuerdo: ya que hablo de errores, parece justo que confiese algunos de los míos. Por fortuna, ¡tengo muchos para escoger!

Comenzaré con uno realmente clásico, con lo cual quiero decir que muchas otras personas lo cometieron antes que yo. Lo sabía. *Había visto* a otros cometerlo. (En realidad, variaciones de esta torpeza, repetidas a escala global, ¡por poco y hunden después al sistema financiero mundial!). Pero en el terreno de los hechos, aparentemente no importó lo que yo hubiera visto o creyera saber. Cometí ese error de todas maneras.

Esto apunta a algo fundamental en muchos errores. Tal vez creamos comprender cómo suceden, que sabemos dónde están las dificultades. Pero en *realidad* no los entendemos hasta que los cometemos.

Benjamín Franklin observó memorablemente que "La experiencia es una escuela cara, pero los tontos no aprenden en otra". Si esto es cierto —¿y quién soy yo para discrepar de Ben Franklin?—, *todos* somos tontos. Por eso, aun el consejo más sabio y mejor intencionado es sólo eso: un consejo, no una medicina preventiva infalible.

Sea como fuere, el error que deseo examinar aquí es mi disparate clásico de la Casa Grande.

Esto me hace retroceder a fines de los años ochenta. Todo iba viento en popa en mi actividad como compositor de música para comerciales, y por fin me ganaba muy decorosamente la vida. Me había casado, y junto con mi esposa llegaron, en su momento, dos hermosas gemelas. Así que ahí me tienes: un compositor razonablemente exitoso, así como esposo y padre. Parecía un momento lógico para comprar casa. Por sí sola se me presentó la oportunidad de comprar la que ocupábamos en San Francisco, y la aproveché.

Hasta ese momento todo marchaba bien. Podía permitirme esa casa sin mucho esfuerzo. Su escala era apropiada para las necesidades de mi familia.

Fue el paso siguiente el que me metió en problemas.

Con la esperanza de ampliar mis horizontes musicales, había firmado un contrato con el sello discográfico Narada, ubicado en Milwaukee. Esta sociedad me permitiría comercializar y distribuir mis propios CD.

Ensancharía asimismo mi labor de producción, pues se alentaría a otros artistas de ese sello a grabar en mi estudio. Por último, el acuerdo implicaba el vago pero pomposo título de productor ejecutivo. Esta oportunidad, junto con mis raíces en el Medio Oeste, aún muy profundas, me convenció de mudarme a Milwaukee.

Pero primero había que vender la casa de San Francisco. Tuve suerte, o así pareció entonces. El área de la bahía experimentaba uno de sus cíclicos auges en precios de viviendas, y pude vender con relativa rapidez y facilidad, así como con ganancias considerables.

Aunque ésta fue una buena noticia, también era una trampa. Me precipitó a una serie de pequeños errores que terminaron cuajando en un Gran Error.

Error número uno: como mi primerísima incursión en la compraventa de casas había sido un triunfo, pensé: "¡Qué fácil es esto, caray!".

Error número dos: como es propio de la naturaleza humana creer que fuimos listos cuando de hecho sólo fuimos afortunados, me permití la vanidad de pensar: "Hm, tal vez tengo habilidad para esto de los bienes raíces...".

Los errores continuaron hasta el final de la transacción en Milwaukee. En comparación con la bahía de San Francisco, la zona metropolitana de Milwaukee parecía increíblemente accesible, y pensé: "¿Por qué no hacer de una vez una inversión realmente grande, y sacarle provecho cuando suban los precios en Wisconsin, como ocurrió en San Francisco?".

En retrospectiva, prácticamente me estaba estableciendo como una burbuja unipersonal de bienes raíces. Creí que los precios no podían más que subir. Pensé que era imposible perder en inversiones inmobiliarias agresivas, si no es que temerarias.

Así que compré una casa muy grande, junto al lago Michigan. Era quizá cinco veces mayor que la casa de San Francisco. Tenía espacio para un estudio enorme y habitaciones extra para alojar a artistas visitantes. Estaba muy por encima de mi escala de precios, o de lo que ésta *debió* haber sido; los gastos de mantenimiento eran inmensos e interminables, pero ¡qué importaba! Era indudable que esa propiedad subiría de precio y, entre tanto, mi carrera iba en franco ascenso... ¿o no?

Sin embargo, también esta línea de razonamiento, aparentemente racional, estaba plagada de cálculos equivocados.

¿Por qué no advertí que mi actividad experimentaría uno o dos tropiezos a causa de mi mudanza? Componer para comerciales seguía siendo la tarea con que me ganaba el pan, y, como ya dije, me colocaba en la industria de los servicios. Tuve que trabajar más y viajar más seguido para atender a mis clientes en San Francisco. Algunos de ellos, inevitablemente, desertaron.

En cuanto a mi costoso estudio hogareño, la idea era que otros artistas de Narada grabaran en él, para sufragar los costos. Pero ¿y si no lo hacían?

¿Y el asunto ese de productor ejecutivo? Me gustaba cómo sonaba, pero la realidad me recordó que yo era *freelance* de corazón. No me agradó sentarme ante un escritorio a lidiar con problemas ajenos. No me agradó tener que rendir cuentas a otros.

En resumidas cuentas, los pagos de la casa me rebasaron por completo. Me eché a cuestas más tensiones de trabajo que antes, y hacía menos, no más, de lo que me gustaba.

¿Por qué me había castigado de esa manera? ¿Cómo había ocurrido esto?

La respuesta, creo yo, tiene aplicación a los cómos y porqués de *muchos* de los grandes errores que comete la gente.

Básicamente, creo que cometí el disparate de la casa grande porque confundí razones con justificaciones.

A cada paso era capaz de reunir argumentos sobre por qué tenía sentido comprar una casa muy grande. *Había* ganado dinero en la venta en San Francisco. Milwaukee *era* una ganga en comparación. Y así sucesivamente.

Pero ninguno de esos argumentos era una *razón* previa a los hechos para comprar una casa grande. Más bien, eran justificaciones posteriores a los hechos de que hubiera conseguido lo que quería. Porque ésta era la simple verdad: quería volver al Medio Oeste. Me enamoré de una casa preciosa. Y, *en esa etapa de mi vida, ¡sencillamente quería una casa grande!*

¿Por qué eso era tan importante para mí? Las razones son complicadas y oscuras, y en gran medida siguen siendo desconocidas para mí. Tal vez eran razones muy ordinarias. Quizá, insensatamente, consideré que comprar una casa grande era un paso a una vida adulta satisfactoria. Tal vez, también insensatamente, necesitaba un muestra visible de mi progreso profesional.

Cualquiera que haya sido mi motivación, creo que lo significativo fue esto: me hice ilusiones de que era completamente racional cuando, de hecho, me movían deseos y presiones muy alejados de la razón.

Y así es como ocurren muchos grandes errores.

¿Fue ingenuo mi error de la casa grande? Sí. ¿Fue evitable? Tal vez. ¿Me avergüenza años después? En absoluto.

Esto me devuelve, para cerrar el círculo, a la serie de ideas que abrieron este capítulo. Los errores son inevitables, así que podemos aceptarlos, perdonarnos y seguir adelante. Nuestros errores pueden causarnos molestias, costarnos tiempo y dinero, pero —suponiéndolos *honestos*— no son vergonzosos. Cada disparate es una oportunidad de aprender; una señal, en nuestro sinuoso camino, de dónde estuvimos, dónde estamos y adónde creemos dirigirnos.

Si, por miedo a quedarnos atrás, o a dar un paso en falso del que no nos recuperemos, no nos permitimos cometer errores, nos privamos de esas oportunidades de aprendizaje. Peor todavía, cuando cometemos errores pero nos negamos a admitirlos, por obstinación, inseguridad o distracción, perdemos la oportunidad de recuperarnos y seguir una mejor dirección.

Perdemos la oportunidad de mejorar.

He aquí una más de las paradojas con que parezco topar cada vez que intento expresar con palabras sencillas algo verdadero y básico de la vida: somos y no somos al mismo tiempo los que fuimos ayer.

Hay, por supuesto, una continuidad en lo que somos. Por eso reconocemos nuestra cara en el espejo cada mañana, recordamos las cosas que nos hacen reir y mantenemos lealtad y afecto en nuestras relaciones.

Pero es igualmente cierto que no cesamos de cambiar, desarrollarnos, evolucionar. Cada día sabemos un poco más sobre el mundo, y un poco más sobre nuestra mente y nuestro corazón. Los errores que hemos cometido, y las correcciones de curso resultante de ellos, son parte esencial de nuestra evolución. En consecuencia, si esperamos sentirnos satisfechos con lo que somos ahora, debemos considerar con franqueza y aceptación lo que fuimos *antes*, ¡cuando cometimos esos tontos errores!

Así, por ejemplo, cuando recuerdo mi error de la Casa Grande, reconozco que mi toma de decisiones fue imperfecta, que mi arrebatado deseo de una casa cara me hizo apartarme de mis auténticos valores. No desconozco mi disparate, pero lo veo casi como si lo hubiera cometido otra persona, un amigo más joven. Más que sentirme avergonzado por mi ingenuidad de entonces, puedo sentirme satisfecho de lo que aprendí y del tramo que he recorrido desde ese momento.

Esto no quiere decir que pretenda haber agotado o dejado atrás mi capacidad de cometer errores. Aún cometo mi ración de disparates, y algunos de ellos sin duda me parecerán en el futuro tan inquietantes como hoy me lo parece el error de la Casa Grande. Sé que tendré muchas ocasiones más de mirar atrás y decirme: "Pete, ¿en qué estabas pensando?".

Hacer frente a esta pregunta puede ser a veces un poco mortificante. Pero tratar de responderla con sinceridad es siempre un ejercicio valioso.

9 Ten cuidado con lo que deseas...

...Porque podrías conseguirlo.

Este proverbio chino contiene, en mi opinión, una extraordinaria pizca de sabiduría, que va directo al corazón de la naturaleza humana y por tanto parece aplicarse a todas las culturas de todas las épocas.

Considera la leyenda griega del rey Midas. Obsesionado con el oro, Midas lo deseaba cada vez más; de hecho, quería poder convertir *todo* en oro. Este imprudente y peligroso deseo le fue concedido, en forma del famoso "toque de Midas". El rey estuvo feliz un tiempo con su nuevo poder e ilimitada riqueza... hasta que tocó a su amada hija, que al instante pasó de ser una persona alegre y cariñosa a una inanimada estatua de oro.

Después de tantos siglos, la historia de Midas sigue siendo impresionante y pertinente. ¿Por qué? Por dos razones, creo yo. La primera es que ilustra a la perfección la ironía seria, y a veces trágica, de la vida. Un ansiado don puede convertirse en una carga terrible. El cumplimiento de una fantasía puede ser un desastre. Pero fíjate en esto: esta ironía cruel no le *sucede* a Midas; él mismo se la causa. Su historia trata de la naturaleza humana, no de la ira de los dioses. La ironía de Midas viene de *dentro*, de una confusión básica entre lo que él *cree* que lo hará feliz y lo realmente importante en su vida.

La segunda razón de que la historia de Midas aún tenga algo que decirnos luego de tanto tiempo es que sigue siendo una metáfora resonante, aunque penosa, de uno de los peligros que enfrentan los padres acaudalados. ¿Qué pasa con los hijos si los padres ponen el afán de dinero por encima de todo? ¿Se convierten en estatuas de oro, en sentido figurado?

Volveremos a esta pregunta a su debido tiempo. Por ahora consideremos otros casos de deseos concedidos, y sus imprevistas consecuencias.

Conozco a un individuo que hizo una larga carrera, en gran medida afortunada, como director de una revista ilustrada de circulación nacional. Empezó como asistente, contestando teléfonos y haciendo café mientras aprendía los rudimentos del oficio. En el curso de veinte años, ascendió poco a poco. Su ascenso no fue vistoso ni meteórico, sino lento y estable, basado en una pericia creciente y una red de colegas que fueron ocupando, por su parte, puestos cada vez más altos. Al final, mi amigo fue ascendido a director editorial, el número dos en el directorio.

Éste resultó ser el puesto perfecto para él. Como director editorial podía elegir autores y asignar reportajes, y además tenía tiempo para editar, a fin de dar forma a los artículos y mejorarlos. Él era realmente bueno para estas cosas; más aún, *le gustaba hacerlas.*

El puesto de director general exigía un temperamento un poco distinto e implicaba otra serie de tareas. El director general era responsable de los presupuestos y tenía que lidiar con la política corporativa de la compañía matriz. Era el rostro público de la revista, y debía dedicar mucho tiempo a recibir visitantes y a hacer apariciones oficiales. Como en la mayoría de las revistas, este director disponía de poco o nulo tiempo extra para editar.

"Me encantaba ser el número dos", recuerda mi amigo. "Me encantaba poder sentarme tranquilamente en mi oficina a trabajar en un manuscrito. Me encantaba esa capa adicional que me separaba de los ejecutivos."

Pero entonces el director general decidió retirarse, y al antes satisfecho número dos le dio en desear el principal puesto. ¿Por qué?

"El ascenso implicaba un aumento sustancial", dice, "pero en realidad no me interesaba por el dinero. Era por ego. Quería ver por fin mi nombre en tipo mayor bajo el título de la revista. Y también era por cómo me sentiría si *no obtenía* el puesto: ofendido, humillado. Sería una vergüenza pública, al menos en el ramo, que se me pasara por alto."

Todos esos sentimientos son comprensibles, supongo; pero, lamentablemente, tienen muy poco que ver con la realidad de ser el director general de una revista. Mi amigo se había puesto en la perversa pero muy humana posición de desear algo que, de hecho, no lo haría feliz.

Para bien o para mal, su deseo se le concedió. Obtuvo el puesto, el aumento y la oficina de la esquina. Pero también muchos dolores de barriga y noches sin dormir. Renunció luego de dos años frustrantes, repletos de tensiones.

¿Esta historia podría haber tenido un final feliz? En teoría, claro que sí. Este sujeto habría podido salirse de la carrera por el puesto de director general, y dejar en claro que había decidido seguir siendo el número dos. Pero ¿cuántas personas de verdad habrían hecho esto?

Como ya dije, parece ser una arraigada faceta de la naturaleza humana confundir lo que *realmente* queremos con lo que *creemos* querer. Añádase a esta tendencia la presión social que acompaña a lo que creemos que *deberíamos* querer —un aumento, un ascenso, reconocimiento público—, y resultará muy difícil tomar una decisión acorde con nuestra felicidad, no con nuestros a veces insensatos deseos.

La sociedad nos incita a llegar a las altas esferas, ¡lo queramos o no! Es rara la persona capaz de resistir esa tentación y esa presión.

Louis Lefkowitz fue durante más de una década, en los años sesenta y setenta, fiscal general del estado de Nueva York. Hombre de integridad impecable, se desempeñó con igual éxito bajo gobernadores demócratas y republicanos. A su paso por el servicio público, al parecer no se hizo jamás de enemigos ni detractores. Cuando Nelson Rockefeller murió en el cargo, se le pidió a Lefkowitz ser vicegobernador, en preparación de su carrera al máximo puesto del estado. Todos parecían coincidir en que ganaría por amplio margen.

Pero rechazó el ascenso. Ya ocupaba el puesto indicado para él, el que en verdad disfrutaba. Descartó la idea de ser gobernador diciendo a la prensa: "¿Por qué aceptar un puesto que en realidad no quiero? ¿Por qué ser infeliz?".

Esta muestra de franqueza y sabiduría se consideró tan gratamente inusual que *The New York Times* la publicó en primera plana, como la nota del día.

Pero ¿por qué la actitud de Lefkowitz debería parecer tan anómala? A nuestra manera, *todos* enfrentamos la decisión de perseguir un peldaño más alto o no. Al parecer, la mayoría de la gente se inclina a estar a la caza de su *siguiente* deseo.

Sin embargo, tal vez las personas más felices —más en sincronía con su vida— son las que reconocen, honran y saborean sus deseos *ya* cumplidos.

Los peligros del deseo adoptan muchas formas.

Una de ellas es que el deseo puede pasar, a veces, por sustituto de la *preparación*. Después de todo, desear en serio implica mucha energía, mucha concentración. Es comprensible entonces que la gente crea en ocasiones que esperar que suceda algo es lo mismo que prepararse para reaccionar cuando ocurra.

¡Pero son dos cosas distintas!

Desear no es lo mismo que prepararse. Esperar no es lo mismo que alistarse. Digo esto con conocimiento de causa, porque uno de los mayores disparates de mi vida profesional resultó de confundir estos conceptos.

Se imponen algunos antecedentes. Ya dije que cuando abandoné San Francisco y me mudé a Milwaukee, deseaba, en parte, ampliar mis horizontes musicales. Me seguía gustando componer para comerciales, y, por supuesto, que se me pagara por ello. Pero empezaban a irritarme las limitaciones de forma; ¡algunas de mis ideas musicales necesitaban, después de todo, un poco más de treinta segundos para expresarse! Asimismo, ya algo más maduro y habiéndose casi agotado la novedad de la aceptación profesional, empezó a atormentarme la pregunta de para qué era mi música. ¿Sólo existía para ayudar a vender un producto? ¿La música no podía servir a un propósito más alto? ¿No había una capa de significado y realización mucho más allá de la que yo había experimentado hasta entonces?

De preguntas como éstas, y de mi inquietud creciente, nació un deseo: la oportunidad de componer para el cine.

Este deseo, supongo, era presuntuoso, pero no del todo infundado. Componiendo para comerciales había aprendido el oficio de ajustar la música a imágenes; a muy pequeña escala, ya usaba la música para reforzar una narración. Cierto, pasar de un comercial de treinta segundos a un largometraje de dos horas era un salto enorme, pero estaba bien, porque un salto a lo desconocido era justo lo que yo anhelaba.

El único problema, desde luego, era cómo poder darlo.

La opinión ortodoxa era que si se quería trabajar en el cine, en cualquier área, había que mudarse a Los Angeles. Ahí era donde se hacían los contactos, donde los tratos se cerraban. Si uno quería entrar al mundo del espectáculo, debía invertir tiempo en fiestas y reuniones; tenía que relacionarse y chismorrear. No se irrumpiría en la escena desde un reducto a dos husos horarios de distancia.

Pero yo había aprendido de mi padre una lección sobre este particular, no tanto una lección consciente como una afinidad de temperamento. Cuando él puso en marcha Berkshire Hathaway, la ciudad de Nueva York —más que ahora, cuando las cosas se han descentralizado en comparación— era el centro absoluto del mundo financiero. Si uno quería hacer carrera en "Wall Street", *iba* a Wall Street y punto.

Mi padre veía las cosas de otra manera. Percibió instintivamente los peligros del pensamiento grupal. Demasiadas personas en pos de lo mismo en el mismo lugar conducirían inevitablemente a un razonamiento confuso y una mentalidad gregaria. La jerga tomaría el lugar de las ideas; saber quién era quién se volvería un remplazo deficiente de saber qué era qué. Según un viejo lugar común, la crema subía naturalmente a lo alto, pero tal vez era igual de cierto que la mayoría de la gente se homogeneizaba. Así, mi padre se quedó en Omaha e hizo las cosas a su modo, confiando en sus métodos e ideas.

Por efecto de un proceso mental un tanto parecido, decidí ignorar Los Angeles y me mudé a Milwaukee. Esperaba desarrollar mi sonido propio, mi estilo. ¿Cómo podía hacerlo si perseguía el mismo empleo que todos, tratando de componer al estilo de moda del mes o de imitar una pista sonora de éxito reciente?

Esto no significa que haya dado la espalda a las realidades prácticas de operación de la industria del cine. A mi lenta pero empeñosa manera del Medio Oeste, hacía hasta lo imposible por resolver el rompecabezas y hallar una vía de entrada.

Me enteré entonces de que, en casi todos los proyectos cinematográficos, la música es el último componente en añadirse. Se filma el material visual, se edita la película y después se mezcla la música. Aun así, es útil que el director tenga al menos una vaga idea de cómo funcionará la eventual pista sonora, de modo que los editores suelen usar "música provisional" al montar la película. Buscan una grabación que se *ajuste* más o menos a ella; si al director le agrada, el autor de la grabación tiene muchas posibilidades de que se le encargue musicalizar la película.

Así, lo primero era grabar y distribuir un CD. Para mi fortuna, la música New Age era cada vez más popular, y, en términos generales, ése era el estilo en que yo componía. Mi primer álbum, *The Waiting*, fue lanzado por Narada en 1987. Me enorgullece decir que fue bien recibido por la crítica, y al menos modestamente exitoso en el mercado. Ya sólo cabía esperar que llegara a oídos de editores y realizadores de cine.

Para bien o para mal, *The Waiting* resultó un título perfecto para ese álbum. Lo lancé… y esperé. Y esperé un poco más. ¡Nada fue rápido en este caso!

Entre tanto, me puse a pensar en mi segundo álbum. El primero es fácil en comparación. En él se aprovechan todas las sobras que se han guardado en cajones a lo largo de los años, todas las tonadas y motivos desechados a la espera de ser explorados y ampliados. Pero un segundo álbum exige una inspiración nueva. Y durante varios meses difíciles y desalentadores, no supe de dónde saldría esa inspiración.

Entonces un buen amigo de la familia me regaló un libro. Era *Son of the Morning Star*, de Evan S. Connell, y me cautivó por completo. La narración abarcaba gran parte de la historia de los indios de las llanuras de fines del siglo XIX en Estados Unidos. Relataba las constantes marchas forzadas, promesas incumplidas y terribles atrocidades en su contra por un gobierno resuelto a la expansión a toda costa. Al leer ese libro, me sentí al mismo tiempo conmovido e indignado. Tuve también una sensación de pérdida acuciante, y sorpresivamente personal. No eran sólo los indios los que habían sido desplazados y privados de gran parte de su antigua cultura; *todos* habíamos perdido algo cuando esas tradiciones originarias fueron pisoteadas, cuando la sabiduría antigua se dispersó y devaluó.

Inevitablemente, mi intensa reacción a *Son of the Morning Star* se abrió camino hasta mi trabajo. No me atrevería a decir que compuse música india; más bien, intentaba comprender y honrar a mi manera cierta tradición, de expresar mi veneración y nostalgia por un modo de vida que había estado al borde de la destrucción. Estas sensaciones dieron forma, en gran medida, a mi segundo álbum, *One By One*, que salió a la venta en 1989.

Poco después de su aparición —y a *cuatro años* de haber concebido el deseo de componer para el cine—, me enteré de que Kevin Costner estaba haciendo una película basada en los indios de las llanuras del siglo XIX. ¿Era casualidad, o qué? Mi álbum apenas si habría podido ser más indicado si lo hubiera escrito para una audición.

Por medio de un contacto más bien indirecto de mis días en Stanford, pude hacer llegar la grabación a Costner. Le encantó, y me pidió musicalizar su película. De buenas a primeras, mi largamente acariciado deseo estaba a punto de cumplirse.

¿O no?

Al parecer, había un pequeño problema: ¡yo no sabía cómo escribir una partitura para cine!

En retrospectiva, esto es increíble pero cierto. Modestia aparte, me las había ingeniado hábilmente para llegar a la industria del cine. Pero, en cierto modo, había pasado por alto el requisito más importante. Consumido por el deseo, distraído en fantasías (y, dicho sea en mi descargo, ocupado en muchos otros proyectos), no había tenido el cuidado de aprender el oficio. Había caído en la trampa de creer que mi vivo deseo me prepararía para aprovechar mi oportunidad. O que el mentor perfecto aparecería milagrosamente en el momento justo. O que el director de un estudio me vería como un diamante en bruto y sencillamente "me aceptará como soy".

Sorpresa: nada de eso ocurrió.

Demasiado tarde, empecé a intentar ponerme al día. Consulté sobre orquestación a compositores experimentados. Me di un curso intensivo del aspecto técnico de la realización cinematográfica. Sin embargo, en el fondo sabía que no estaba bien preparado, y la falta de seguridad se notó. Pese a mí mismo, el mensaje que transmitía era: "Este amigo no está listo aún".

En otras circunstancias, tal vez habría podido convencer al estudio de que yo aprendía rápido y debía arriesgarse conmigo. Pero algunos factores adicionales complicaban las cosas. ¿Acaso no los hay siempre? Aunque ya era un actor reconocido, Kevin Costner dirigiría por primera vez; esto ponía nerviosa a la gente. La cinta que planeaba, *Danza con lobos*, era larga, costosa y en absoluto convencional; esto también ponía nerviosa a la gente. Un compositor sin experiencia, evidentemente, era ya el colmo en cuanto a motivos de nerviosismo.

Así que perdí la oportunidad, pero aprendí una lección. Dos lecciones, de hecho.

La primera se refiere a la naturaleza de los golpes de suerte. Grabé un disco inspirado en los indios de las llanuras; Kevin Costner necesitaba música para una película sobre los indios de las llanuras. ¿Qué podía ser más afortunado que eso?

Pero existe una enorme diferencia entre un golpe de suerte y un pase gratis. Un golpe de suerte rara vez significa que las cosas habrán de ser fáciles de repente; suele ser más bien la oportunidad de aceptar un reto, de hacer algo difícil. No obstante, uno debe demostrar que es digno de un golpe de suerte preparándose para aprovecharlo.

Esto me conduce a la segunda lección, sobre la preparación, por supuesto. ¿Yo habría podido componer una partitura aceptable para *Danza con lobos*? Honestamente, creo que sí. Pero eso habría implicado mucho aprendizaje a la carrera, y eso no estaba bien. Hay una sutil distinción, creo yo, entre ser *capaz* de hacer algo y estar realmente *preparado* para hacerlo.

Una preparación significativa exige mucho trabajo previo: enfrentar dificultades, pensar en escollos. Esta previsión, a su vez, ofrece claridad. La claridad es lo que nos permite demostrar, tanto a nosotros mismos como a quienes podrían emplearnos, que estamos a la altura del trabajo en cuestión. Este nivel de preparación es lo que da origen a la verdadera seguridad.

Mi casi colisión respecto a la tarea de la partitura íntegra de *Danza con lobos* no resultó en una pérdida total. Costner me pidió a fin de cuentas componer una pequeña pieza titulada "Firedance", de apenas dos minutos de duración, pero que, a mi honesto parecer, fue un ejercicio rítmico muy interesante y, más todavía, un reto temático también. En esos dos minutos, traté de atrapar y comprimir la esencia de la historia, de transmitir el misterio y emoción de un hombre que se transforma ante nuestros ojos y oídos. En combinación con un material visual extraordinario y la intensidad casi mística de Costner, la escena tuvo mucho éxito.

Para mí, entonces, haber compuesto "Firedance" fue algo más que un premio de consolación: la oportunidad de demostrar que podía componer para el cine. Componer para una *parte* de una película, más que asumir la responsabilidad del gran conjunto, era quizá lo apropiado a mi conocimiento en ese tiempo. En este sentido, cumplí mi deseo de escribir para el cine, y esta historia tiene entonces un final feliz.

Aun así, cometí un par de errores más en relación con "Firedance". Estos errores también se debieron a mi insuficiente preparación para enfrentar las realidades de la industria y los requisitos de mi oficio.

Para sorpresa de los escépticos, *Danza con lobos* fue un éxito tanto de crítica como de público. Un álbum de la pista sonora era consecuencia natural de ello, pero el principal autor de la partitura, John Barry, no quiso que mi música se incluyera en la lista. En su opinión, era su pista sonora y punto; mal que bien, acepté.

En retrospectiva, esto fue un disparate. No acostumbro elevar la voz ni patear el suelo, pero hay formas profesionales adecuadas para defender los intereses propios, y yo no las asumí. Era mucho lo que estaba en juego: una exposición significativa para mi música. Pero yo no estaba preparado para aceptar la cruel realidad de que, a veces, aun los colegas embisten por motivos territoriales. Quise creer que yo era un buen chico por no pelear mi inclusión en la pista sonora; pero, de hecho, renunciaba a una parte de lo que significa ser un profesional. Preferí evitar un conflicto a sacar el máximo provecho de mi trabajo.

Mi otro error en relación con "Firedance" tuvo que ver menos con las fricciones de la industria que con las demandas del oficio.

Como mi pieza no se incluyó en la pista sonora de *Danza con lobos*, pude negociar el derecho a incluirla en mi tercer álbum, *Lost Frontier*. Esto fue bueno. Estaciones de música instrumental transmitían mi material; el éxito de la película de Costner multiplicó el público de la música con influencia india. Pero había un problema fundamental con "Firedance". Era una pieza de dos minutos, y las piezas de dos minutos sencillamente no se tocaban mucho en la radio.

Debí haberla ampliado a tres o cuatro minutos. Pero no lo hice. ¿Por qué? Podría hacerme el purista y decir que esa pieza estaba destinada a durar dos minutos, no tres, y se acabó. Pero esta obstinación artística no suele llevar a ningún lado, y a veces puede ocultar una simple limitación de oficio. La respuesta honesta es que no amplié "Firedance" a un formato adecuado para la radio porque, en ese entonces, no sabía cómo hacerlo. Sencillamente no se me ocurrió nada.

También esto apunta a la distinción entre aptitud y preparación. Si de verdad yo hubiera estado preparado para componer "Firedance", habría *previsto* su éxito y las implicaciones de esto. Habría planeado su ampliación o traducción a otras formas. Habría estado listo para sacarle más provecho. Pero mi deseo había sido llevar mi música a un largometraje; no pensé *más allá.*

Lo que me conduce a otro aspecto peligroso de los deseos.

Demasiado a menudo, creo yo, la gente ve el cumplimiento de un deseo como una consumación, el *fin* de un proceso. Pero ¿no tiene más sentido verlo como un comienzo, el inicio de algo? La verdadera emoción y realización está en ver adónde puede llevar ese deseo.

Antes de dejar el tema de los deseos y sus peligros, invirtamos la cuestión y veamos cómo luce desde el ángulo opuesto: ¿qué ocurre cuando los deseos *no se* cumplen?

La vida puede no ser justa, pero con frecuencia resulta sorprendentemente simétrica, y creo que la simetría se aplica aquí. Considera esto: así como conceder un deseo —como en el caso de Midas— puede ser una maldición, la frustración de un deseo puede terminar siendo una bendición.

En ambos casos entra en juego el mismo mecanismo: una confusión entre lo que *creemos* que queremos y lo que realmente queremos. Cuando un deseo es denegado —cuando no obtenemos lo que *creemos* querer—, nos vemos obligados a ver más lejos, a pensar más en lo que en *realidad* queremos, en lo que de verdad nos hace felices. A veces un deseo incumplido es de hecho una liberación.

Permíteme poner un ejemplo.

Conozco a una muchacha que procede de una familia de abogados. Fue una estudiante seria y dedicada, y, tras una licenciatura exitosa, se le aceptó en una de las principales escuelas de leyes de la costa este estadunidense. Queriendo aprovechar al máximo el verano intermedio, solicitó un empleo eventual en un importante despacho de abogados corporativos de Nueva York.

Tenía buenas razones para creer que ése era un medio excelente para iniciar una carrera. Su hermana había seguido el mismo camino, pasando de empleos eventuales no remunerados a remunerados, y luego a un puesto de asociada con vía directa a socia. Ese primer empleo de verano era un deseo totalmente razonable.

Pero mi amiga no lo consiguió. Y no por culpa suya. Sus referencias académicas eran tan impresionantes como las de su hermana. No dudo en absoluto que su entrevista de trabajo haya sido igual de satisfactoria. Pero el mundo había cambiado. La economía estaba en recesión, los despachos de abogados se contraían. Con menos trabajo por hacer, había poca necesidad de eventuales, y muchos menos puestos de asociado por exhibir como recompensa. Era un caso claro de que la vida no es justa a veces.

El incumplimiento de su deseo dejó a la joven comprensiblemente frustrada, enojada y, por un tiempo, apabullada. Después de todo, un deseo incumplido es una especie de muerte en pequeño; impone olvido, y olvidar nunca es fácil ni libra de un periodo de duelo y transición.

Pero aún estaba por saberse cómo pasaría ella el verano, así que no podía darse el lujo de deprimirse mucho tiempo. Terminó por aceptar un empleo eventual de paga muy modesta en una gran compañía no lucrativa en Long Island dedicada al medio ambiente.

"Llegué sumamente resentida", admite. "Sentí que me conformaba con una segunda opción muy inferior. El trabajo de oficina era de lo más rutinario. Mi mala actitud lo empeoró todo. Parecía resistirme a considerarlo interesante."

Luego, algo cambió. Mi amiga fue invitada a acompañar a colegas de alto nivel a su trabajo de campo, visitando pantanos, bosques de pinos y otras áreas en riesgo ambiental que su organización intentaba proteger.

"Fue increíble", recuerda. "Me sentí feliz ahí, con mis botas enlodadas. Me sentí vigorizada, con curiosidad por todo, como un mono salido de su jaula. Y pensé mucho en si de veras quería pasarme la vida trabajando en un despacho de abogados, con luz artificial y poniéndome trajes sastre y medias cuando podía estar al aire libre con shorts caquis bajo el sol."

Así que, ¿qué decidió hacer? Su caso aún está en marcha. Ingresó a la escuela de leyes, como estaba planeado, pero decidida a concentrarse en lo ambiental, no en materias corporativas. Dice que podría acabar ejerciendo como abogada, trabajando para empresas no lucrativas que demanden cierto grado de trabajo de campo, u olvidar por completo el derecho y transitar a una rama de las ciencias naturales. ¡No te pierdas el final de esta apasionante historia!

Cualquiera que sea su decisión definitiva, sin embargo, el hecho es éste: fue la denegación de su primer deseo lo que permitió a esta joven cambiar de curso; reevaluar sus opciones y descubrir una vida más auténtica. Si se le hubiera concedido su primera opción, ¿por qué se habría desviado de lo que *creía* querer?

Los deseos nos conducen a cierto destino ansiado; tienden a dirigir nuestra atención a una meta particular. Y esto está bien; tener metas y alcanzarlas puede ser una magnífica fuente de dignidad y satisfacción.

Pero también hay un peligro. Una meta demasiado precisa puede impedirnos ver el universo de opciones en todas las direcciones imaginables. Cuando una meta no se cumple —cuando un deseo es denegado—, tenemos que frotarnos los ojos para volver a ver el ancho mundo.

10 Lo que queremos decir cuando decimos éxito

Creo acertado afirmar que vivimos en una época extremadamente preocupada por el concepto de "éxito".

Nos esforzamos por alcanzar el éxito, soñamos con el éxito, leemos libros que nos prometen fórmulas infalibles de éxito. Elogiamos, admiramos y hasta aplaudimos el éxito de los demás. A veces, en secreto o no tanto, también lo envidiamos y tomamos a mal. Al parecer, creemos que el éxito implica necesariamente felicidad y realización, y que su falta sólo puede engendrar frustración y pesimismo.

Pero he aquí una pregunta: pese a todas nuestras preocupaciones por el éxito, ¿qué tan claro tenemos lo que entendemos por esa palabra?

En mi opinión, el "éxito" debería definirse en referencia a la sustancia de los logros de una persona. ¿Qué consigue en realidad? ¿Ayuda a los demás? ¿Está a la altura de su singular potencial? ¿Hay pasión y originalidad en su modo de ver la vida y el trabajo? ¿Hay valor de fondo en lo que trata de alcanzar?

Pero, lamentablemente, tengo la impresión de que la *sustancia* tiene poco que ver con nuestro actual concepto de éxito. En lugar de reparar en la esencia de un proyecto o carrera, sólo nos fijamos en las *recompensas* que brinda, medidas por lo general en dólares.

Para decirlo de otra manera, todo indica que atendemos al resultado más que al proceso; y este equivocado énfasis devalúa el significado de "éxito". Tal como acostumbra usársele, en efecto, la palabra "exitoso" se ha vuelto poco más que un sinónimo en clave de "bien pagado".

Piensa en esto. En muchas situaciones sociales se consideraría de mal gusto decir de alguien que es "un cirujano que gana mucho dinero" o "un ejecutivo al que le pagan mucha plata". En términos generales, sin embargo, cuando la gente llama "exitoso" a alguien, ¿no es eso lo que *quiere* decir?

Lejos de mí insinuar que sea malo ganar dinero; en absoluto es eso lo que quiero decir. A lo que voy es, en cambio, a que el dinero debe verse como una derivación del éxito, un efecto secundario, no como la medida misma del éxito.

El verdadero éxito viene de adentro. Depende de lo que somos y de lo que hacemos. Emerge de la misteriosa química de nuestras aptitudes, pasión, trabajo y compromiso. El verdadero éxito es algo que obtenemos en privado y cuyo valor sólo nosotros determinamos.

El mundo exterior puede recompensarnos con dinero, pero no puede ungirnos con ese tipo de éxito, más profundo y personal.

Por otro lado, el mundo tampoco puede *quitarnos* el éxito obtenido en lo más hondo de nuestro corazón. Y esto tiene grandes implicaciones, de naturaleza eminentemente práctica.

Quien haya tenido abiertos los ojos en los últimos años, habrá notado que el sistema económico puede ser caprichoso, por decir lo menos. Una carrera premiada un mes es castigada al siguiente. Un banquero de inversión colmado de bonos un año pierde de súbito su empleo poco después. A un ejecutivo se le cree ubicado en la vía rápida... hasta que su compañía se derrumba.

¿Qué pasa con el "éxito" que esas personas tenían cuando las cosas marchaban bien? ¿Se desvanece tan pronto como la llave del dinero se cierra? Si puede desaparecer de modo tan abrupto, ¿qué tan sólido habrá sido en primera instancia? ¿Es posible que haya sido ilusorio desde el principio?

Si sólo habláramos de dinero, estas preguntas no tendrían mayor importancia. Pero hablamos de cosas mucho más íntimas y cruciales, relacionadas con nuestra definición de éxito, cosas como dignidad, seguridad y tranquilidad de conciencia.

Si la dignidad de alguien es proporcional a la magnitud de su sueldo, ¿qué pensará de sí mismo cuando éste se reduzca o desaparezca?

Si la seguridad de alguien se basa en el aumento por venir o su próximo ascenso, ¿qué sentirá cuando su progreso se frustre?

¿Y por qué habríamos de confiar al mundo exterior, caprichoso e incontrolable como es, decirnos no sólo a cuánto ascenderán nuestros ingresos, sino también lo que realmente *valemos*?

En resumidas cuentas, creo yo, la ciega aceptación de una definición del éxito basada en el dinero es, sencillamente, una propuesta demasiado riesgosa. Aun dejando de lado el imperativo intelectual y espiritual de buscar una definición más sólida y personal del éxito y el significado, la sola prudencia debería impedirnos medir nuestro éxito según lo que nos pagan.

Es peligroso y negligente permitir que nuestro estado bancario nos diga cómo nos va en la vida.

De acuerdo: si la aceptación pasiva de una definición del éxito basada en el dinero puede desembocar en toda suerte de peligros y callejones sin salida, ¿cómo *deberíamos* definir el éxito?

No creo que haya una respuesta a esta pregunta que se aplique a todos los casos, y ése es justamente el punto.

Una definición significativa y resonante de éxito tiene que ser *personal.* Yo no puedo definir, y menos aún dictar, lo que el éxito debería ser para ti; tú no puedes definir lo que el éxito debería ser para mí. Cada uno debe forjar su propia versión de la realización.

Además, nuestro esfuerzo por definir el éxito —esfuerzo que nos acerca al conocimiento de nosotros mismos y a la comprensión de lo que en verdad valoramos— pasa a formar *parte* de nuestro propio éxito.

Permítaseme tratar de aclarar esto con un ejemplo.

Tengo un amigo que es una persona maravillosa y un músico excelente. El dinero y los bienes materiales no le interesan casi nada, lo cual es bueno, porque con su música apenas se gana un sustento modesto y esporádico. Él está tan lejos de la economía convencional que, a veces, vive temporadas completas en su auto. La mayoría de la gente consideraría poco envidiable este estado de cosas, por decir lo menos, pero debe señalarse que este individuo ha enfrentado su ración de retos y frustraciones. Aun así, se considera un éxito en la vida, y yo estoy totalmente de acuerdo. Vive en la forma correcta para él; la vida que él eligió.

Hallar esa vida —*crear* esa vida— no fue fácil. Para hacerlo, tuvo que encarar su ambivalencia y sus inseguridades. Tuvo que entender las expectativas de los demás, y aceptar los costos —tanto prácticos como emocionales— de negarse a satisfacerlas.

Su madre era maestra de piano, y él mostró grandes dotes musicales desde niño. Su padre era un hombre cariñoso pero práctico, y quería que él fuera médico. El padre trabajaba mucho y se sacrificaba en nombre de su educación y futuro. Para honrar el compromiso y deseos de sus padres, el joven decidió inscribirse en un curso propedéutico de medicina, relegando su música a una pasión secundaria.

"En la universidad", recuerda, "reconocí el amor y respeto que existía entre mi papá y yo. Él veía muchas posibilidades en mí. Quería que tuviera éxito y fuera feliz. Así que cuando yo estudiaba el propedéutico, no pensaba: 'Papá, hago esto por ti.' De veras creía que seguía ese camino por mi propio deseo. Me decía que persistiría en él, y que haría lo que resultara de esta decisión."

En su penúltimo año en la universidad, sin embargo, fue claro que había un problema. El interés de mi amigo en la medicina decaía; el llamado de la música era cada vez más insistente. Cuando se lo dijo a su padre, la conversación causó dolor y confusión en ambas partes. "No me amenazó con rechazarme ni mucho menos", recuerda mi amigo, "pero era obvio que, si abandonaba la medicina, nuestra relación cambiaría y se deterioraría. Yo ya no podría esperar de él el mismo apoyo financiero o emocional. Me quedaría solo. La decisión era mía."

Así empezó un largo y enrevesado forcejeo, propio de los jóvenes que eligen un camino ajeno a las expectativas de sus padres. Durante un tiempo más, mi amigo hizo hasta lo imposible por cumplir los deseos de su padre: continuó su curso propedéutico de medicina y obtuvo un título en bioquímica. Después de todo, quería ser un buen hijo. También es cierto que perseguir el sueño de su padre lo libró de la ansiedad de perseguir el suyo. ¿Realmente sabía cómo ganarse la vida en la música? ¿Estaba preparado para ser músico profesional? ¿Era lo bastante bueno? ¿Lo sería *alguna vez*?

Seguir los deseos de su padre le evitó tener que responder estas sobrecogedoras preguntas. En cierto sentido, es más fácil conformarse con la versión del éxito de otra persona que correr el riesgo de fallar en la propia.

Aun así, la vida tiene muchos modos de afirmarse, no siempre muy directos. En cierto momento mi amigo, tal vez en forma inconsciente, se vio levantando barreras contra la posibilidad de ser médico. Sólo presentaba solicitudes en los cursos más difíciles de las escuelas de medicina más selectas. Se esmeraba en sus estudios y solicitudes, pero al mismo tiempo oponía resistencia a la dirección en que esos esfuerzos lo llevaban. Una delicada pero constante voz interior, que Sócrates llamaba su *daemon* y que mi amigo denominaba su designio, le decía con insistencia creciente que debía seguir otro camino.

Por fin, inevitablemente, mi amigo dejó la medicina e hizo de la música el centro de su vida. Su madre lo apoyó. Con su padre, por desgracia, hubo conflicto; no un rompimiento brusco, sino un distanciamiento, que trajo consigo una nota de mutua censura y desilusión.

"Tuve que aceptar y reconocer eso", dice mi amigo. "Y después tuve que olvidarlo. Con el tiempo, traté de ver lo positivo en ello. Las aspiraciones de mi padre en cuanto a mí, ¿en qué se basaban en primer término? En el amor, así como en la fe en mis aptitudes, en su creencia de que yo tenía algo que dar al mundo. De modo que, está bien, no seguí el camino que él eligió para mí. Pero aun así puedo justificar su fe en mí con base en lo que he logrado en mi propio camino."

Esta historia tiene un final sorpresivo.

No hace mucho —¡treinta años después de su difícil decisión de dejar la medicina!—, mi amigo dio un concierto. Al final se le acercó un oyente, médico en activo, quien le dijo que el concierto le había levantado mucho el ánimo. Lo llamó sanador.

"Al fin", dice mi amigo, "alguien había reunido con unas cuantas palabras lo que mi padre quería para mí y lo que yo había elegido. ¡Qué liberación!"

Quisiera añadir a esta historia un apéndice breve y muy personal, porque yo tuve mi propia experiencia con el poder liberador de unas cuantas y simples palabras.

Cuando tenía veintitantos años, momento para el cual ya había respondido al llamado de la música pero aún me ganaba modestamente la vida con ella, visité a mi familia en Omaha. Había sostenido algunas conversaciones con mi padre, en el curso de las cuales traté de explicar mis ambiciones, mis metas y mis planes para cumplirlas. Lo cierto es que me servía en parte de esas conversaciones para explicarme cosas *a mí mismo*; le pedía a mi padre ser una especie de espejo corrector capaz de juntar fragmentos algo dispersos de ideas y devolverme un reflejo claro.

Como era su costumbre, mi padre escuchaba atentamente, sin juzgar, sin ofrecer consejos explícitos. Un día, casi de pasada mientras se dirigía a la puerta, me dijo: "¿Sabes qué, Pete? En realidad tú y yo hacemos lo mismo. La música es tu lienzo. Berkshire es el mío, y pinto un poco cada día".

Eso fue todo… y fue mucho.

Era una confirmación que yo necesitaba entonces, y que aún valoro ahora. Mi padre, exitoso como era, comparó lo que él hacía con lo que yo hacía. Y no sólo lo comparó, sino que además, en cierto sentido, lo igualó; no, por supuesto, en términos de potencial económico o impacto en el mundo, sino de legitimidad *personal* fundamental.

No teníamos por qué definir el "éxito" de la misma manera. No teníamos por qué adoptar los mismos criterios de "llevar la cuenta". Lo que importaba era nuestro proceso común, no las recompensas que obteníamos. Lo que importaba era que cada uno seguía su respectiva pasión.

Lo que nos unía era que los dos hacíamos todo lo que podíamos en la vida que cada cual había elegido. Que mi padre reconociera esto fue un don grandioso para mí.

Las historias anteriores sugieren, creo yo, una paradoja básica en nuestra definición de éxito: las medidas de éxito más genuinas y duraderas son las que *nosotros* elegimos y definimos, pero esas decisiones y definiciones no ocurren en el vacío. Aun nuestras decisiones y valores más personales están determinados, en parte, por influencias externas.

Las expectativas de la familia constituyen, desde luego, una de esas series de influencias. Esto es inevitable, y también apropiado. Los padres, después de todo, saben más de la vida que sus hijos. Quieren lo mejor para sus hijos e hijas, y han aquilatado sus propias ideas sobre aquello en lo que consiste "lo mejor". A veces los hijos aceptan gustosamente la versión del éxito de sus padres; a veces la rechazan.

Pero a lo que voy es a esto: un hijo puede adaptarse o rebelarse; una hija puede aceptar los sueños de sus padres o virar en muy distinta dirección en pos de los suyos. De todas formas, ambos tomarán sus decisiones *con referencia a* las expectativas familiares. Esto no podría ser de otra manera; así es la naturaleza humana. Aun si decidimos —¡o tal vez especialmente por eso!— no acatar las expectativas de nuestra familia, tenemos que reconocer que el poder de esas expectativas es legítimo y real.

Lo mismo pasa con las presiones de los amigos y las modas sociales. Pero en cuanto a la definición de éxito, la moda es caprichosa, como lo es también respecto a la altura de la falda o el ancho de la solapa.

No existe una versión del "éxito" convenida y apreciada en todas partes y en todas las épocas. En la Atenas de Pericles, éxito significaba tener tiempo para andar con los filósofos y hablar con ellos. Entre ciertas órdenes monásticas, éxito significa desprenderse de todos los apegos y deseos, romper la dependencia respecto del mundo material: no tener ni necesitar nada. Sin embargo, el éxito también puede contarse en cabras o nietos. A veces el "honor" —como se le defina— se aprecia mucho más que la riqueza; en otros tiempos y lugares, la riqueza parece contar más que todo.

Dadas estas diversas definiciones de éxito, ¡debería estar claro que el "éxito" es un sustantivo muy peculiar! Piensa en esto: todos podemos coincidir, por ejemplo, en lo que es una silla. Si decimos "árbol", "libro" o "volante", la mayoría imaginaremos algo sólido y real, cuya existencia no depende de nuestra opinión. ¿El "éxito" existe de igual manera?

Éxito es, básicamente, lo que decidamos llamar así.

Si esto es circular, creo que también debería ser liberador. ¿Por qué la gente habría de someterse a algo que ni siquiera existe, salvo por un consenso que no cesa de cambiar?

Pese a todo, la gente está determinada por la época y sociedad en que vive, y el poder de las modas sociales es innegable. Lo mismo que en el caso de las expectativas familiares, la versión predominante de éxito en nuestra época es algo que podemos aceptar o rechazar. Lo que *no podemos* hacer es fingir que no existe, o que no es, en cierto nivel, un factor en las decisiones que tomamos.

Adherirse a una versión dominante de éxito es relativamente fácil. Esto no quiere decir que sea fácil alcanzar el éxito; casi nunca lo es. Pero *aspirar* a la clase de éxito de moda en un momento dado es muy sencillo. No requiere gran originalidad ni introspección. Es cuestión, sobre todo, de dejarse llevar por la corriente, suscribiendo la misma serie de criterios y prioridades que la mayoría acepta.

En contraste, adoptar una versión personal de éxito en desacuerdo con la de moda implica mucha reflexión y fuerza de carácter. Y esto es cierto sea cual fuere la versión dominante del éxito. En 1969, por decir algo, habría supuesto enorme valor e imaginación que un joven dijera: "¿Sabes qué? ¡Quiero ser agente de bolsa!".

En décadas más recientes, desde luego, nuestra definición consensual de éxito parece haberse enredado cada vez más con el dinero, puro y simple. Todo, *salvo* adquirir poder, se ha devaluado en comparación.

Esta tendencia se aceleró en los años ochenta, década en que las solicitudes de ingreso a las escuelas de administración de empresas alcanzaron máximos históricos y la revista *Time* publicaba reportajes de portada sobre el ascenso de los yuppies. Un amigo me contó hace poco una anécdota algo horrenda que resume a la perfección el espíritu dominante de esa época.

"Estaba en una fiesta", recordó, "y el anfitrión me presentó a una amiga suya. Ella me preguntó qué hacía, generalmente lo primero que la gente quería saber de los demás en ese entonces. Le dije que era escritor. Me miró de un hito —de pies a cabeza— y me dijo exactamente dos palabras: '¿De éxito?'.

"Su pregunta me pareció tan brusca y de mal gusto que me dejó sin habla. Esa persona tenía nulo interés en lo que yo hacía. ¿Sobre qué escribía? ¿Qué me motivaba a escribir? ¿Era humorístico lo que hacía? ¿Trágico? Le habría dado lo mismo que yo escribiera poesía ligera o que acabara de terminar un tratado enorme que explicaba el significado de la vida. Lo único que le importaba era si yo ganaba mucha plata. Por fin logré farfullar: 'Más o menos', y me fui por una copa."

Si ese estrecho y aun obsesivo énfasis en el dinero no llevara a nada peor que comentarios toscos en reuniones, supongo que no importaría mucho. Pero definir el éxito en términos de recompensas más que del *contenido* del trabajo tiene, de hecho, una serie de graves y muy reales consecuencias.

Tal vez la consecuencia más importante es ésta: nuestra definición de éxito en un momento dado puede encauzar a la gente a ciertas profesiones, y *alejarla* de otras. Si el dinero es el único criterio para distinguir a los "ganadores" de los "perdedores", la gente tenderá a ir donde está el dinero.

O donde *parece* estar.

Pero esto puede causar problemas prácticos. En los años ochenta, la carrera de moda era la consultoría administrativa; tantas personas perseguían ese Santo Grial que no es de sorprender que pronto hubiera un exceso de consultores administrativos. La moda fluctuó después a la abogacía... hasta que hubo demasiados abogados. Más recientemente, la marea pasó a la banca de inversión, y ya vimos adónde llevó esa fijación. El asunto es que, aun si seguimos un arco iris cuyo único color es el verde del dinero, nada nos garantiza que haya un montón de oro al final.

Pero, bueno, ése es el riesgo *económico* de una versión del éxito que gira alrededor del dinero. ¿Y los riesgos emocionales, espirituales y sociales?

¿Y los llamados sin responder porque es improbable que lleven a la riqueza?

¿Y la curiosidad y creatividad insatisfechas porque se les ve como distracciones peligrosas del afán de lucro?

¿Y las profesiones basadas en el *contenido*, no en la recompensa?

Considérese la docencia como ejemplo óptimo. No hay profesión más importante que ésta. Ninguna toca más vidas; ninguna influye más en la determinación del futuro tanto individual como colectivo. Además, los maestros deben darlo todo en su trabajo: corazón y mente, inmensa energía física y pericia.

En términos de contenido, enseñar es *grandioso*. En términos de recompensa económica, no. Y esto significa que, cuando el dinero encabeza nuestra lista de prioridades, muchas personas talentosas no considerarán siquiera una carrera docente.

Es obvio que cada vez que alguien que podría ser un buen maestro decide no serlo, los niños pierden. Pero esto tiene otra cara: la persona que rechaza el salón de clases en favor de un trabajo mejor pagado puede perder más todavía.

¿Qué satisfacciones se pierden en favor de un sueldo más alto? ¿Qué oportunidades de crecimiento personal se pierden a cambio de una bonificación contractual? A la larga, ¿se sentirá mejor sirviendo a una corporación o ayudando a aprender a los niños?

Insisto: adoptar una versión del éxito que no está de moda en un momento dado requiere valor e imaginación, determinación para decidir por uno mismo lo que importa de verdad. Hay profesiones propensas a hacernos ricos en dinero; hay otras propensas a hacernos ricos en espíritu. Para que estas últimas florezcan, debemos investirlas de un respeto y prestigio imposibles de contar en dólares. Alguien debe recordarnos su enorme valor *intrínseco*.

Por fortuna, hay personas que se dedican justo a eso. Una de ellas es Taylor Mali, poeta y maestro que ha asumido como misión elevar la dignidad de la docencia. Hace poco me topé con un poema suyo, en el que describe una fiesta a la que asisten profesionales de diversas áreas. Inevitablemente, la conversación desemboca en los ingresos, y un abogado pregunta al maestro qué hace. Mali le da brillantemente la vuelta a esa interrogante, como lo deja ver este fragmento. (El poema íntegro puede hallarse en www.taylormali.com)

¿Quieres saber qué hago?
Hago que los niños trabajen más de lo que creían poder...
Hago que los padres vean a sus hijos como lo que son y lo que pueden ser...
Hago a los niños preguntar,
los hago cuestionar,
los hago criticar.
Los hago disculparse de verdad.
Los hago escribir, escribir, escribir.
Y luego los hago leer.
¿Quieres saber qué hago?
¡Hago una maldita diferencia! ¿Y tú?

Hace años, en un libro sobre budismo *zen*, tropecé con una cita que se me quedó grabada, porque es una de esas declaraciones misteriosas y elusivas que parecen sugerir un significado mucho más allá de sus simples palabras: *La llave del tesoro es el tesoro*.

Lo menciono aquí porque creo que se aplica a nuestras nociones sobre el éxito.

Considera esto: parece ser un hábito mental imaginar el "éxito" como algo concreto, el cofre de un pirata, digamos, lleno de oro y joyas, o lo que decidamos valorar. Pero ¿de qué sirve el cofre de un tesoro si no lo podemos abrir?

¿Y cómo podemos abrirlo si la llave en nuestra mano no hace juego con el cofre particular que intentamos abrir?

Éste, creo yo, es el sentido en el que la llave del tesoro *es* el tesoro. Hay varios tesoros posibles a la espera de que los reclamemos, pero la llave que cada uno tiene en la mano es lo que determina cuál podría ser el nuestro.

Y esta llave misteriosa que cada uno de nosotros posee, ¿de qué está hecha? De nuestra singular combinación de talentos, inclinaciones y pasiones. El tesoro que puede abrirse con esa llave, y sólo con ella, es la versión del éxito que nosotros definimos.

La vida es lo que hacemos de ella, y el éxito consiste, en parte, en llegar a una comprensión clara de cómo debe ser nuestro éxito. Nadie más puede decirnos cómo medirlo o describirlo. Nadie más puede juzgar si hemos alcanzado nuestras metas o no.

El mundo puede colmarnos de recompensas o negárnoslas. Ése es asunto suyo. Pero no puede juzgar el valor y legitimidad fundamental de lo que queremos lograr. Éste es asunto nuestro. El éxito que nosotros definimos es un tesoro que nadie puede deslustrar ni arrebatarnos.

11 Los peligros de la prosperidad

Estoy firmemente convencido de que las personas tienen más semejanzas que diferencias entre sí.

Más allá de la casualidad de nuestro lugar de nacimiento, color de piel y circunstancias materiales, compartimos una serie de esperanzas y temores, necesidades y anhelos. Todos podemos experimentar la dicha del amor y la amistad. Nadie es ajeno al dolor del conflicto y la pérdida. Casi todos estamos de acuerdo en qué es divertido y qué es triste. Somos compañeros de viaje en la búsqueda de significado.

¿Por qué las grandes historias y mitologías son convincentes en todas las épocas y lugares? Porque —como vimos en la historia de Midas, por ejemplo— se refieren y arrojan luz sobre sentimientos y anhelos comunes a todos nosotros.

¿Por qué se considera a la música el lenguaje universal? Porque no depende de las palabras inciertas que usamos para describir cosas; más bien, va directo a las emociones y energía dentro de cada uno de nosotros, y que las palabras sólo pueden describir de modo aproximado.

En estas páginas he hecho todo lo posible por celebrar nuestra naturaleza humana compartida hablando de cosas que creo universales: la necesidad de valores sólidos; el reto de buscar y responder a nuestra vocación; la importancia de reconocer y aprender de nuestros errores, y de decidir por nosotros mismos en qué consiste el concepto de éxito.

Estas cuestiones, creo yo, se aplican a todos. Pero también es cierto que se despliegan de diferente manera en vidas diferentes. A este respecto, variables como el lugar de nacimiento y las circunstancias materiales son importantes. Aunque a fin de cuentas el estudiante estadunidense y el aldeano africano tienen los mismos anhelos de seguridad, dignidad y tranquilidad de conciencia, las vías particulares que siguen para llegar ahí, y los retos en el camino, probablemente son muy distintos.

En este capítulo me gustaría volver entonces, con mayor detalle, a un tema que apenas he tocado hasta aquí: los riesgos y escollos que enfrentan específicamente las familias acomodadas al tratar de transmitir valores positivos a sus hijos.

Es evidente que todas las familias *quieren* transmitir valores positivos. Nunca he conocido a un padre que desee que su hijo sea malcriado o perezoso; a una madre que quiera que sus hijos sean codiciosos o petulantes. El problema es que a veces existe una gran distancia entre el mensaje que se desea comunicar y el que realmente se comunica. Las razones de esto son complicadas y espinosas, y a eso se debe, en parte, que el padre *perfecto* no exista.

Una vez oí una historia que ilustra vívidamente cómo se tergiversan a veces los mensajes y cómo a veces las mejores intenciones son contraproducentes.

Un individuo había crecido en el seno de una familia con recursos modestos pero con gran ética de trabajo y enorme aprecio por la educación. Sus padres se sacrificaron para mandarlo a la universidad; él buscó, por su parte, empleos de medio tiempo y préstamos para estudiantes, préstamos que se convirtieron en una pesada carga cuando decidió inscribirse en la escuela de medicina.

Sin embargo, terminó con dos títulos, en medicina e ingeniería. Sirviéndose de su muy extraña combinación de pericia y habilidades, diseñó un artefacto que permitía a pacientes graves administrarse calmantes en dosis seguras y limitadas. Luego de patentarlo, lo cedió en licencia a una importante compañía farmacéutica por una fuerte suma, más las regalías en vigor.

Esto lo volvió rico en un abrir y cerrar de ojos.

Cuando sus hijos nacieron, él ya llevaba varios años en la riqueza. La familia vivía en una casa enorme en un barrio agradable; mamá y papá conducían automóviles nuevos y relucientes; la familia comía en restaurantes caros, y en invierno tomaba vacaciones en lugares donde siempre brillaba el sol.

Al padre le satisfacía, desde luego, brindar a sus hijos una vida cómoda y privilegiada. Pero le preocupaba que adquirieran una visión distorsionada y muy parcial de la vida.

Había visto las etapas y retos progresivos que al final lo habían hecho rico. Recordaba el trabajo arduo, los sacrificios, las presiones y ansiedades de su endeudamiento. Recordaba que sus menos que prósperos padres le habían inculcado seguridad y motivación para dejar huella en el mundo. Y que al diseñar su mecanismo contra el dolor había buscado no sólo ganar dinero; también había querido ayudar a la gente y hacer una contribución significativa a la práctica médica.

Los hijos no habían atestiguado nada de eso. No era culpa suya, ni de su padre; sencillamente habían llegado en una parte diferente de la curva. Aun así, esto ponía al padre en un dilema. Él no era de los que se jactan de sus logros. Pero, sin duda, tampoco quería hacer sentir a sus hijos culpables de sus ventajas.

Al mismo tiempo, *deseaba* que entendieran que la riqueza y las comodidades materiales no eran cosa de magia, o de que, por alguna razón, su familia tuviera más méritos que otras; eran producto del esfuerzo. Quería que comprendieran también la diferencia entre riqueza y valía humana fundamental: no eran mejores que quienes tenían menos; no eran inferiores a quienes tenían más.

Cuando el hijo mayor cumplió dieciséis años, el padre ideó una estratagema para exponerlo ese verano a algunas de aquellas lecciones básicas de la vida. La familia pertenecía a un club campestre, uno de esos sitios tradicionales cuyos socios aún recorrían el campo de golf mientras cadis cargaban sus bolsas. Se decidió que el hijo fuera cadi ese verano. Ser cadi era una actividad al aire libre buena y saludable; también era difícil y desinteresada. Implicaba asumir la parte pesada mientras otros se divertían. Exigía ser simpático y cortés si se querían buenas propinas. Además, el muchacho trabajaría con adultos con muchos años de ser cadis y que siempre lo serían; el padre esperaba que sintiera solidaridad con ellos, respeto por sus conocimientos y reconocimiento de que había dignidad en su trabajo agotador, por el que recibían un pago modesto.

Así, el chico cargó bolsas de golf durante un par de meses, y al terminar el verano su padre le preguntó qué había aprendido de la experiencia.

"Aprendí", contestó, "que más vale que gane mucho dinero, para que otro cargue *mi* bolsa."

¿Era *eso* todo lo que había sacado de provecho? Comprensiblemente, el padre se sintió frustrado y molesto. Ésa era justo la lección contraria a la que había esperado que aprendiera su hijo. ¿Y la honesta consideración por el trabajo físico? ¿Y la compasión por quienes siempre tendrían ese trabajo? ¿Por qué el hijo no había asimilado *estos* mensajes?

El padre no tenía la menor idea; y sinceramente, ¿quién la habría tenido? Tal vez los socios cuyas bolsas había cargado le habían metido ideas en la cabeza que desbarataron las esperanzas del padre en la experiencia. Tal vez los demás cadis no lo habían tratado bien.

O quizá, para bien o para mal, el carácter y valores básicos del hijo ya habían sido moldeados por una compleja red de personas y sucesos; por las influencias misteriosas y suposiciones irreflexivas que pueden acompañar a una vida en la riqueza, aunque sin saber lo suficiente sobre su origen.

¿El padre podría haber explicado mejor —no sólo en ese verano, sino a todo lo largo de la educación del hijo— a qué se debía la prosperidad de la familia? ¿Podría haber transmitido con mayor claridad la satisfacción de empezar con muy poco y triunfar por mérito propio? ¿Podría haber dejado más en claro que la esencia del éxito reside en un esfuerzo concentrado y la sustancia de los logros, no en la recompensa a veces resultante? ¿El experimento de ser cadi había sido demasiado poco, demasiado tarde?

Tal vez sólo el padre mismo podría contestar estas preguntas. Pero creo que son justo el tipo de preguntas que debemos hacernos al pensar en la labor, sutil y polifacética, de transmitir valores positivos.

En la anécdota anterior, el hijo recibió un mensaje muy distinto al que su padre creía transmitirle, y el resultado no buscado fue concentrar la ambición del joven únicamente en ganar dinero, para mantener su estilo de vida privilegiado. Esto desilusionó al padre… ¡pero al menos el hijo tenía un *poco* de ambición!

Para algunas familias ricas, el problema es que a sus hijos e hijas parece faltarles ambición. ¿Para qué trabajar arduamente si el futuro económico ya está asegurado? ¿Para qué esforzarse si el esfuerzo sólo rinde más de lo que ya se tiene? ¿Qué resta por hacer si mamá o papá o algún antepasado distante ya dejó huella en el mundo y asentó la importancia de la familia?

Estos juicios son comprensibles, pero también peligrosos y perturbadores. Pueden quitarle dicha y sustancia a la vida. Así que ocupémonos de ellos aquí y ahora.

¿Para qué trabajar arduamente? Porque ésta es la vía más segura, y tal vez la única, a la dignidad.

¿Para qué esforzarse? Porque el esfuerzo saca a relucir lo mejor de nosotros; nos dice quiénes somos, qué podemos ofrecer, cuánto somos capaces de lograr.

¿Qué resta por hacer una vez asentada la prosperidad familiar? ¡*Todo*!

Esto último, creo yo, debería ser evidente; después de todo, ganar dinero es sólo una pequeña parte de la amplia gama de las actividades y posibilidades humanas. Aun así, la sociedad hace tanto énfasis en ganar el propio sustento que a veces eclipsa otras metas y aspiraciones.

La gran mayoría de la gente trabaja porque tiene que hacerlo. ¡La comida cuesta! Hay que pagar la renta, o la hipoteca. Éstas son realidades económicas fundamentales, y existe dignidad y justificado orgullo en enfrentar esos retos.

Pero cuando el dinero deja de ser la motivación primaria, hay *otros* retos igualmente persuasivos y legítimos.

¿O no?

Tenme un poco de paciencia, porque creo que aquí hay una distinción importante que hacer.

Estoy absolutamente convencido de que otros retos y ambiciones —como la realización creativa y el servicio público— son tan válidos como las ambiciones orientadas al dinero. Pero lo que *yo* diga no importa; importa lo que *tú* crees en el fondo de tu corazón. Y para algunos hijos e hijas de padres ricos, el hecho de que sus padres sean ricos se vuelve una auténtica traba. Tener dinero —"venir del" dinero, como se dice a veces— es una parte tan notable en su definición de sí mismos y de su lugar en el mundo que necesitan mucho valor e imaginación para aceptar que otros aspectos de la vida son igualmente legítimos y definitorios.

Considera el caso de una conocida mía, hija de una familia que había amasado una fortuna en la venta al por menor. De adolescente le interesó poco el comercio. Aun así, estudió con diligencia administración de empresas, y luego hizo una maestría en la misma área. Para ella, ésta era la opción predeterminada, el camino que más se ajustaba al lugar de su familia en el mundo... aunque no necesariamente al suyo propio.

Su pasión era dibujar y pintar. Las clases de arte que había tomado de niña le habían encantado; siempre que pudo, tomó cursos de arte en la universidad. Creía tener algo de talento, pero al mismo tiempo le costaba trabajo tomar en serio sus inclinaciones artísticas. ¿Qué tenía que ver la realización de bocetos con el *verdadero* deber en la vida, que era ganar dinero, al menos para su familia? ¿Ella era algo más que una diletante?

Lidió con estas preguntas durante varios años de infelicidad, mientras trabajaba desganadamente en el negocio de su familia. Como ella misma lo describiría más tarde, sintió entonces que vivía como sonámbula, moviéndose sin saberlo. Aún pintaba, pero le irritaba pensar que la pintura era una *afición*. No tenía nada de malo tener aficiones... pero cuando uno cree que cierta actividad es central en su vida, llamarla afición —y hacer que otros la consideren así— es más que sólo un poco frustrante.

Esa frustración se hizo finalmente insoportable, y la joven reunió valor suficiente para decir a sus padres que dejaría el negocio de la familia para trabajar de tiempo completo como artista.

"Sentí las más encontradas emociones", recuerda. "Experimenté un gran alivio. Emoción y energía. Pero, en el fondo, también me sentí fracasada. Y no creo que haya sido a causa de mis padres, sino de mí. Sentí que le daba un puntapié al supuesto lado serio de la vida, para permitirme ser bohemia. Lo gracioso es que creo que a mi padre hasta le gustó poder presumir de 'mi hija artista con estudio en el centro'. Mi familia podía darse el lujo de uno o dos excéntricos, así que ¿qué tenía de malo? El único problema era si yo podría convencerme de que la vida que había elegido valía algo."

Interesante selección de palabras. ¿Valer? ¿Valer *cómo*? ¿En dólares? ¿Puede valorarse la belleza? ¿La expresión personal? Otra de las dificultades que enfrentaba esta mujer era creer de verdad en la validez de su ambición, que no se centraba en adquirir poder.

Al final hizo las paces con su decisión. ¿Cómo se convenció de que su camino era legítimo y su ambición seria? *Tomándolos muy en serio.*

"En cierto momento", recuerda, "di un salto enorme. Me di cuenta de que el indicador de mi legitimidad no era lo que yo hacía, sino cómo lo hacía. Si era floja o complaciente pintando, sería una diletante más con un fideicomiso. ¿Qué dignidad había en eso? Pero si trabajaba mucho; si ponía cuerpo y alma en los cuadros y me esforzaba siempre en superarme, se justificaría que me dijera artista. Lo demás no tenía importancia. ¿El mundo me juzgaría grande? ¿A quién le importaba? ¿Alguna vez yo ganaría mucho dinero haciendo esto? Quizá sí, quizá no. Sencillamente tenía que reeducarme para comprender que había una plétora de ambiciones honorables más allá de la serie con la que había crecido."

Permíteme volver, a este respecto, a mi familia y mi experiencia.

Como ya dije, cuando yo era chico no éramos ricos. Teníamos comodidades, desde luego, pero a la manera decididamente poco ostentosa del Medio Oeste. Mis padres tenían autos modestos que conservaron muchos años; mis hermanos y yo usábamos ropa durable, no de marca. De niños no dábamos nada por sentado. Yo recibía una pequeña mesada, pero no me la regalaban; me la ganaba haciendo algunos deberes en la casa. Si pedía prestados un par de dólares para ir al centro, de mí se esperaba que devolviera el cambio.

Con el tiempo, mis padres empezaron a hacerse ricos, y yo tuve la increíble fortuna de atestiguar algo cuyo valor e importancia he terminado muy poco a poco por apreciar, de lo que les estoy infinitamente agradecido a mis padres.

Esto fue lo que atestigüé: aunque nuestras circunstancias cambiaron, mi madre y mi padre no.

Mi madre siguió siendo la persona cordial y generosa con amigos en toda la ciudad y muy interesada en las historias de la gente.

Mi padre siguió trabajando seis días a la semana, concentrándose como si estuviera en trance y poniéndose sus pantalones y suéteres caquis.

¿Por qué el dinero no los cambió? Porque ganar mucho dinero no fue nunca el objetivo de sus actividades. Mi padre trabajaba mucho porque lo que hacía le gustaba, porque lo desafiaba y entusiasmaba. El dinero finalmente llegaba, pero la pasión y la curiosidad estaban ahí desde el principio. El dinero seguía; nunca dirigía.

No puedo subrayar lo suficiente la importancia de esta distinción. En términos de las lecciones, con frecuencia mudas, que hijas e hijos asimilan, es absolutamente crucial.

Si los padres aman su trabajo y lo acometen con pasión, los hijos terminarán por ver el valor del *trabajo en sí mismo*, y se inclinarán a buscar y descubrir su pasión.

Si los padres *no* aman ni respetan su trabajo, sino que lo ven como un mal necesario en el camino a la riqueza o el prestigio, los hijos también asimilarán esta lección. Una lección que tiende a causar enorme frustración e infelicidad en la vida.

Hace poco me enteré del caso de una familia cuya historia ofrece un ejemplo triste pero vívido de esto.

El padre era un muy exitoso banquero de inversión. Estoy seguro de que hay muchas personas que disfrutan genuinamente de los retos intelectuales y arriesgada acción de la banca de inversión, pero este hombre no era una de ellas. Él mismo reconocía que aborrecía su trabajo, y pasó todos los días de una carrera de veinticinco años deseando retirarse.

Aunque detestaba su trabajo, era bueno en él, y ganó mucho dinero. Pero esto puso en marcha una lógica perversa, que se transmitió a la siguiente generación.

El proceso fue más o menos éste: dado que el padre detestaba su trabajo, sentía que debía *compensar* de alguna manera su infelicidad en la oficina. Y la única compensación disponible era el dinero, que por tanto se volvió sumamente importante para él. Queriendo ganar más, trabajaba mucho en un empleo que aborrecía, lo que aumentaba su infelicidad. Entre tanto, los beneficios de la riqueza se acumulaban: la casa de campo, las vacaciones extravagantes, las membresías de clubes caros.

Pero había un problema aun con los beneficios. El padre no podía disfrutarlos, porque buscaba en ellos más de lo que podían ofrecer. No perseguía meras comodidades, ni siquiera lujos; buscaba las recompensas de la riqueza para llenar un vacío en su psique. Pedía que las cosas *sustituyeran* su realización personal. Y esto sencillamente no da resultado.

Pasemos ahora a la siguiente generación.

La familia tenía un hijo que, como la mayoría, admiraba al padre y tenía un impulso juvenil, y en gran medida irreflexivo, a emularlo. Cuando llegó el momento en que el muchacho hiciera carrera, tomó una decisión diferente a la de su padre —se integró al desarrollo inmobiliario—, pese a lo cual repetía en forma inconsciente ciertos patrones. Y no eran patrones sanos. Tuvo que pasar por años de infelicidad y cientos de horas de terapia para poder ver con claridad esos patrones y librarse de su yugo.

"Nunca me gustó mi trabajo", recuerda. "Pero por un tiempo eso no me molestó mucho, ¡porque no sabía que a alguien *pudiera* gustarle su trabajo! No sabía que eso era posible. Lo que vi en casa fue que mi padre trabajaba mecánicamente, bebía whisky, tomaba aspirinas y se volvía rico. Creí que las cosas eran así."

A la larga, sin embargo, las cosas acabaron por parecer inaceptables. El joven, como su padre, resultó ser bueno en lo que hacía. El dinero llegó, pero él se sentía vacío. "Estaba en un dilema clásico", dice. "Si seguía así, no veía sino desdicha en el futuro. Y si *no* seguía, me sentiría un fracasado, inferior a mi padre."

En ese momento decidió someterse a terapia.

"Aprendí muchas cosas en la terapia", recuerda, "pero tal vez lo principal fue esto: me di cuenta de que lo que había asimilado de mi padre no era una ética de trabajo. Era una ética de *sufrimiento*. Mi papá había sufrido en el trabajo, presumiblemente por el bien de la familia. En consecuencia, yo también debía sufrir. Si no lo hacía, era un vago. Se *suponía* que el trabajo debía ser penoso. ¿Cómo habría podido yo aprender otra cosa?".

El ejemplo eficaz pero desdichado de su padre controlaba su vida. Pero el hijo *tenía* una ventaja sobre su padre: había tenido la oportunidad de presenciar, desde temprana edad, lo inútil de imaginar que sólo el dinero podía ofrecer satisfacción. *Sabía*, en cierto nivel, que el camino de su padre, y el suyo propio, no llevaba a la verdadera satisfacción o tranquilidad de conciencia. Más bien, era un camino al éxito a ojos del mundo, pero a la atrofia en el cuerpo y el alma personales.

Aun así, los valores, buenos o malos, asimilados en la infancia son lo más difícil de olvidar, y dudar de la cordura del camino propio no es lo mismo que tener valor y voluntad para dejarlo y volver a empezar. *Esto* le llevó al hijo más tiempo, mucha introspección y el riesgo de conflicto con sus padres, quienes, comprensiblemente, verían su nueva dirección como un reproche tácito.

Pero cada uno de nosotros tiene tanto el gran reto como la magnífica oportunidad de forjar la vida indicada para sí mismo. En cierto momento, el joven trazó la línea y decidió que forjar su vida en torno a un trabajo que le disgustaba era completamente absurdo. Logró librarse de sus compromisos de negocios y decidió regresar a la escuela.

"Ya pasaba de los treinta años entonces", recuerda, "y al fin me ponía a pensar en lo que realmente quería hacer. Olvidé el sueldo y el prestigio jerárquico. ¿Qué era lo que en verdad me *atraía*? Se me ocurrió que la orientación psicológica. Pensé en lo mucho que me había beneficiado mi terapia. Exageraría si dijera que la orientación me salvó la vida, pero es un hecho que me *brindó* una guía sumamente útil. Quería hacer eso por otras personas, transmitirlo.

"Así que ahora eso es lo que hago. Me gano decentemente la vida, ni más ni menos. Pero amo mi trabajo, ¡y no me siento culpable de eso! Me levanto cada mañana sabiendo que voy a aprender algo nuevo, y con la esperanza de ayudar a alguien. He aprendido algo precioso que jamás habría podido aprender en casa: que el trabajo es por sí mismo una recompensa."

Todos los padres quieren que sus hijos vivan bien. Y la gran mayoría de las familias ya prósperas creen que pueden transferir a sus hijas e hijos una vida aún mejor.

Éstas son perogrulladas, lugares comunes. Las aceptamos sin mucha reflexión ni vacilación. Pero quizá no deberíamos hacerlo. Tal vez deberíamos pensar un poco más en esas simples palabras y conceptos básicos.

¿Qué tan seguros estamos —*deberíamos* estar— de nuestras nociones acerca de lo que *es* una vida satisfactoria? ¿Qué queremos decir cuando hablamos de una vida "mejor"? ¿Esto equivale simplemente a más dinero y más cosas? ¿Pensamos siquiera en lo que podríamos perder mientras ganamos más dinero y comodidades materiales?

A principios de 2009, en un viaje a Abu Dabi, capital de los Emiratos Árabes Unidos (EAU), recibí una nueva perspectiva de estas preguntas básicas. Como otros Estados del golfo Pérsico, EAU es una nación cuya modernización ha ocurrido a una velocidad vertiginosa; también es un lugar donde los ricos viven en un nivel de opulencia casi inconcebible aun para los occidentales prósperos. En términos de lo que se gana y pierde cuando el "progreso" y el dinero desplazan a la tradición y la independencia, Abu Dabi enfrentó una serie de problemas no muy diferentes a los que se enfrentan en la sociedad estadunidense, pero más vívidos y dramáticos a causa de su gravedad y compresión en el tiempo.

Un día tuve el privilegio de ser invitado a comer por un jeque de muy alto rango. Era un hombre sofisticado y de mundo, pero que no había perdido contacto con sus raíces beduinas. Su "complejo" era lujoso, aunque inspirado, en términos generales, en un campamento nómada, con edificios redondos parecidos a tiendas. Él conservaba, asimismo, la insistencia de los beduinos en la hospitalidad; en el desierto, después de todo, los viajeros perecían si no se les brindaba techo y comida. En la Abu Dabi metropolitana era difícil morir de hambre; aun así, el jeque se empeñaba en invitar a cenar a visitantes extranjeros. Luego me enteré de que invitaba a treinta o cuarenta personas en *cada* comida y cena, a las que alimentaba pródigamente con carne de camello y otros manjares locales.

La comida era llevada por sirvientes; el jeque mismo la servía, con las manos. Otros sirvientes flanqueaban el comedor, portando ametralladoras. Había cierto peligro, después de todo, en lujo tan notorio.

Pese a su gran riqueza, el jeque era un hombre humilde que hablaba con franqueza de sus modestos orígenes. Cuando era niño, en su ciudad no había drenaje ni electricidad. Tampoco escuelas, o al menos no edificios escolares. Los niños se sentaban bajo un árbol con un maestro. Un palo se plantaba en el suelo; cuando su sombra llegaba a cierto punto, las clases terminaban. El Corán era el único libro y, como tal, no era sólo un documento religioso, sino también un manual de lectura; no había otro modo de aprender a leer. En cuanto a la comida, la gente consumía lo que la tierra árida le proporcionaba. De los bienes extranjeros casi no se tenía noticia.

Comenté lo asombrosos que habrían sido los cambios presenciados por el jeque en el curso de su vida, y sugerí que los jóvenes de su país tenían ya una mejor posición económica.

Mi anfitrión no estaba tan seguro. "No morirán de hambre", dijo. "No morirán de sed. Pero temo por ellos. Muchos no saben lo que son, o cómo surgió el mundo en que viven. Asisten a escuelas estadunidenses. Conducen autos alemanes. Visten ropa francesa de marca. Todo muy bonito, pero ¿qué tiene que ver con *ellos*?"

Los jóvenes privilegiados, creía el jeque, eran ajenos a su propia vida. Se les había dado tanto que sus ambiciones parecían no importar, y languidecían. Muchos jóvenes holgazaneaban, tanto física como espiritualmente, porque no aspiraban a nada. La mayoría, creía él, eran buenos y considerados, y harían cosas valiosas si supieran cómo; pero su vida no los había preparado para cosas valiosas, y por tanto no aprovechaban su potencial.

La historia ha avanzado tan rápido en esa parte del mundo que las costumbres de aun la generación anterior parecían arcaicas e incomprensibles; ¿cuánto podía identificarse un joven urbano y secular, que manejaba un Porsche y usaba anteojos Ray-Ban, con su padre, sentado bajo una palmera datilera en el desierto leyendo el Corán?

Al escuchar al jeque, reparé en que sus preocupaciones por el futuro de su sociedad también se aplicaban a la estadunidense. El peligro era una alienación lamentable y restrictiva: personas que no saben dónde están porque no se han dado tiempo para pensar cómo llegaron ahí. Personas que confunden el placer fugaz con la dicha duradera, los emblemas de prestigio con el logro genuino.

Estos síntomas eran propios de la pérdida de significado; la sensación de *vinculación* era quizá la única manera de sanarlos. Eso no significaba rechazar o aceptar ciegamente las creencias antiguas, sino tener respeto y comprensión por los antiguos ideales, que sentaron las bases de la nueva prosperidad.

Significaba contacto con las verdades fundamentales anteriores a la aparición del dinero, que seguirían vigentes una vez que el dinero se evaporara.

Requería contacto, más aún, con la vida propia: con los pensamientos, anhelos y ambiciones que vienen de adentro, poseedores de un valor que no puede contarse en dólares ni ser *disminuido* por la riqueza preexistente.

12 El noble arte de retribuir

Cualesquiera que sean tus inclinaciones religiosas —si las tienes—, es difícil negar la existencia de grandiosa poesía en el libro del Eclesiastés. Considera este pasaje (que Peter Seeger tomó como letra para su canción "Turn! Turn! Turn!", en los años sesenta un éxito de los Byrds).

> *Para todas las cosas hay sazón, y todo lo que se quiere debajo del cielo tiene su tiempo:*
> *Tiempo de nacer, y tiempo de morir; tiempo de plantar, y tiempo de arrancar lo plantado [...]*
> *Tiempo de agenciar, y tiempo de perder; tiempo de guardar, y tiempo de arrojar [...]*

Tal como yo lo entiendo, ese "arrojar" es lo que, en lenguaje más moderno, nosotros llamamos "retribuir". Esto sigue a las fases de "agenciar" y "guardar". Es una etapa de la vida en la que, después de haber reunido muchas cosas buenas —experiencia, conocimiento y compasión, lo mismo que riqueza material—, empezamos a sentir la justicia, y aun la necesidad, de compartir lo que el mundo nos ha dado, de diseminarlo por el bien de los demás.

Durante casi todo este libro he hablado de etapas previas de nuestro viaje individual; no necesariamente digo previas en términos cronológicos, sino de nuestro desarrollo. Cómo se forman y transmiten nuestros valores básicos. El proceso de búsqueda de nuestra felicidad y de acopio de valor para responder a nuestra vocación. La dolorosa pero redentora experiencia de aprender de nuestros errores. El reto, tanto intelectual como emocional, de definir una versión de éxito que resuene no sólo en la sociedad, sino también en nuestro *interior*.

Cada uno de estos pasos, creo yo, es crucial para nuestro crecimiento personal. Pero persiste una pregunta: ¿adónde *conduce* ese desarrollo? ¿Para qué *sirve*?

Pienso que hay dos series de respuestas a estas preguntas. Estas respuestas son complementarias; no existe ningún conflicto entre ellas.

En el ámbito individual, nuestro desarrollo apunta a la dignidad que sólo puede proceder de ganarnos nuestras recompensas. Nuestra meta debe ser la tranquilidad de conciencia que se deriva de elegir nuestra vida, persiguiendo un destino que sentimos realmente nuestro.

En el ámbito social, nuestro progreso más significativo es aquel que nos conduce a un punto en el que podemos retribuir.

Esta retribución puede adoptar un millón de formas. Reside por igual en los gestos más solemnes que en los más pequeños favores. Enseñar e instruir son modos de retribuir. Obsequiar tiempo es al menos tan importante como donar dinero. Dirigir nuestro trabajo *al exterior*, al bien común, antes que a la ganancia privada, es un modo de retribuir. Abandonar nuestra zona de confort para engranar en un mundo más amplio es un modo de retribuir.

Cuando la retribución implica sumas de dinero significativas, parecemos sentir la necesidad de asignarle una palabra más elegante. Le llamamos *filantropía*.

Pero, en mi opinión, éste es un caso más de mal uso de una palabra, que se desvía entonces de su significado original, y más puro. Tal como se le emplea comúnmente, la filantropía *sólo* parece aplicarse a grandes contribuciones en efectivo, como si retribuir fuera únicamente prerrogativa de los ricos y las celebridades sociales.

En su definición original, sin embargo, la filantropía no tiene nada que ver con el dinero y el prestigio. Esta palabra se deriva de dos raíces griegas: *philo-*, que significa "amor", y que también produce, por supuesto, la palabra "filosofía", o "amor a la sabiduría", y *anthropos*, o "humanidad", como en "antropología". Libre ya de telarañas, vemos entonces que *filantropía* significa nada menos que la expresión del amor que sentimos por los demás, la sensación de solidaridad que hace que queramos compartir.

El dinero puede ayudar; sí que puede. Pero no es la esencia de la filantropía. La esencia de ésta es el espíritu con que se practica la retribución. Y desarrollar ese espíritu está al alcance de todos.

Algunas personas parecen creer que retribuir es, básicamente, apenas un "accesorio" de una vida de éxito. Hemos ganado dinero; devolvemos una parte. La generosidad se vuelve símbolo de nuestra posición; cuanto más donamos, más importantes debemos ser. Claro que, además, compartir nuestra riqueza puede contribuir a aliviar esa perniciosa sensación de "culpa de los dones", la incomodidad que acompaña a contarnos entre los afortunados en un mundo injusto.

No hay nada de malo en todo esto. El impulso de dar siempre es positivo. ¡Los donativos son siempre bienvenidos!

Pero yo aduciría que las maneras más genuinas y trascendentes de retribuir son mucho más que un simple accesorio. Forman parte integral de lo que somos y hacemos; surgen orgánicamente de nuestros valores y creencias. A diferencia, digamos, del mero llenado de un cheque, esta especie más personal de retribución no es una transacción unidireccional. Es el comienzo de lo que yo concibo como un *ciclo de enriquecimiento*. Damos de nosotros; el mundo nos lo devuelve; descubrimos que aún tenemos más para dar.

Me satisface mucho decir que puedo ilustrar la operación de este ciclo con un ejemplo de mi propia experiencia.

Como ya dije, desde muy temprano en mi carrera comencé a impacientarme con el trabajo con que me ganaba el sustento, la composición de piezas musicales para comerciales. Así que transité a la composición de canciones y la producción de mis propios CD. Eso era más satisfactorio en comparación, pero aun así me planteó una pregunta acuciante: ¿para *qué* era la música? Yo había sido bendecido con al menos cierto talento y los medios para seguir mi pasión; ¿no había un propósito o significado mayor hacia el que debieran dirigirse mis esfuerzos?

En ese entonces, empezó a cautivarme —por lo cual entiendo sentir no sólo curiosidad intelectual, sino también vibración emocional— la cultura e historia de los indios estadunidenses. Y éste, como comprendería en retrospectiva, fue el principio de un maravilloso ciclo de enriquecimiento.

Como a toda persona consciente, me avergonzó y horrorizó el trato infligido a los indios por el gobierno y los colonos blancos, así como la idea de "destino manifiesto". En nombre del "progreso", pueblos originarios fueron engañados, traicionados y masacrados. El territorio donde vivían fue tomado y sometido a un concepto de "propiedad" totalmente ajeno a su sociedad. Algo más que mera superficie se perdió entre tanto. Las culturas originarias —producto de miles de años de observación, conocimiento y vida sustentable con la naturaleza— fueron pisoteadas y desechadas. ¿Quién podría imaginar el valor de la sabiduría —ambiental, espiritual, social y aun médica— así irrespetuosamente hecha a un lado?

Resolví hacer algo para llamar la atención sobre la importancia del conocimiento indígena, y para contribuir a fomentar un clima de interés y respeto en el que pudieran renacer al menos algunos fragmentos de las creencias y prácticas autóctonas.

Pero déjame aclarar algunas cosas sobre esta resolución. Nadie me *dijo* que hiciera eso. No lo hice por deber, y es indudable que no era un accesorio. Me involucré con la cultura originaria porque *quería*; no creo exagerar al decir que lo *necesitaba*. Este interés se desprendió de algunos de los valores básicos que asimilé en mi familia, sobre los derechos civiles, la dignidad humana y la solidaridad. La cuestión no era adoptar una "causa". Era hacer lo que sentí correcto.

El modo natural de involucrarme era la música. Pero pronto me di cuenta de que, si quería dar algo valioso, primero tenía mucho que aprender. En otras palabras, la *intención* de retribuir bastó para echar a andar el ciclo de enriquecimiento.

Leí vorazmente. Fui a la biblioteca, busqué la sección dedicada a los indios y empecé por la A, y de ahí en adelante. Sobre la marcha me intrigaron las lenguas indígenas, no sólo con sus formas y significados, sino también con su *cadencia*, y la forma en que sus ritmos y expresión particulares podían convertirse en música.

Esto, a su vez, me hizo pensar en componer para un coro.

Adviértase que mi carrera de composición musical había comenzado con "intersticios" de diez segundos, para pasar después a comerciales de treinta segundos y luego a canciones de cuatro minutos. Pero ahora daba un salto mayúsculo, tanto en escala como en fuerzas para las que componía. ¿Qué me dio valor para hacer eso? ¿Qué me dio seguridad para asumir cosas más grandes? El hecho de que ya dedicaba mi trabajo a algo que me rebasaba. Un propósito mayor demandaba música mayor. Se me enriquecía otra vez, pues se me ofrecía al menos tanto como daba.

En ese entonces, gracias a mi asociación con Kevin Costner y mi trabajo en *Danza con lobos*, se me presentó una oportunidad extraordinaria: la posibilidad de componer ocho horas de música para la miniserie *500 Nations*. Me enorgullece decir que mi partitura mereció la aclamación de la crítica; pero me enorgulleció aún más vincularme con un proyecto en el que se reconocía la variedad e importancia de las culturas nativas y que ayudó a crear conciencia sobre la realidad presente de los estadunidenses originarios, dentro y fuera de las reservaciones.

Esa miniserie llegó a su fin; mi deseo de involucrarme en los asuntos indígenas, no. Con la esperanza de aprovechar el impulso de *500 Nations*, me puse a pensar en un espectáculo multimedia que combinaría música, danza, narrativa y materiales visuales. Así nació *Spirit*, que comenzaría como un especial sobre promesas incumplidas de PBS y seguiría más tarde, con una gira, como espectáculo teatral en vivo.

Al principio, sin embargo, hubo pequeñas dificultades por vencer. ¡Una de ellas fue que yo no tenía idea de cómo crear un espectáculo teatral en vivo! Una vez más, tuve que esforzarme, aprender, enriquecerme para poder ofrecer algo.

Para entonces llevaba años trabajando en el oficio de ajustar el sonido a imágenes, usando la música para reforzar una historia. Pero la historia había preexistido siempre; ¡era un trabajo ajeno! En esta ocasión, por primera vez, era mi responsabilidad —junto con colaboradores maravillosos— idear un marco narrativo. Para hacerlo, tuve que pensar más profunda y sistémicamente que nunca en la mecánica y magia de la narración de historias. Leí los grandes libros de Joseph Campbell, *El poder del mito* y *El héroe de las mil caras*, que subrayan la universalidad de la naturaleza y los anhelos humanos.

Leer a Campbell resultó uno de los mayores acontecimientos formativos de mi vida intelectual; su apasionado respeto por los relatos era contagioso, y enriquecedor. Aparte, creo muy posible que mi deseo de escribir algún día un libro haya surgido de leer los suyos.

En lo inmediato, leer a Campbell me brindó el marco mítico que buscaba: el trayecto del héroe. Cualesquiera que fueran los detalles precisos en un caso dado, ese viaje siempre era *interior*. Su meta era el conocimiento de uno mismo... pero tal no era el fin. El conocimiento de sí era un medio para volver a *estar en contacto* con el mundo, aunque en un más elevado plano de comprensión, para poder servir de guía a otros.

Caí en la cuenta de que éste era el tema del espectáculo *Spirit*: la recuperación del contacto. No sólo para los pueblos indígenas que habían sorteado una larga y amarga campaña contra su identidad cultural. Sino también para *todos* los que nos sentíamos alienados de nuestro verdadero yo. Todos, supuse, podíamos sentirnos elevados al recordar de dónde veníamos, quiénes éramos en realidad; yo mismo me sentí así, un caso más de obtener dando.

El show *Spirit* se estrenó en PBS y, en efecto, luego se fue de gira; para mí, el punto culminante fue una función en el National Mall en Washington, D.C. Tendría que dedicar muchas páginas a explicar todo lo que aprendí sobre la marcha, desde técnica escénica hasta la física de la carpa gigantesca en la que nos presentábamos. Pero lo importante es esto: ¡esa experiencia fue también sumamente agotadora y frustrante!

Montar el espectáculo resultó extenuante. La logística fue inmensa de principio a fin. Las relaciones se tensaban a causa de las apasionadas diferencias de opinión. Perdimos dinero, mío y de los primeros patrocinadores.

No digo esto en son de queja, sino para señalar algo sobre este tipo personal de retribución. ¡No es fácil! Ni tiene por qué serlo. Girar un cheque es fácil. Pero tratar de retribuir algo al mundo, en función de la propia energía, convicciones y singular serie de aptitudes, no lo es. Exige justo el mismo compromiso que las personas ambiciosas y empeñosas suelen reservar para su trabajo.

Sin embargo, retribuir es tan importante como aceptar. ¿Por qué habría de requerir menor nivel de esfuerzo y determinación?

Hace poco conocí una historia que brinda un ejemplo notorio de ese tipo de retribución práctico e intenso.

En 1990, a un amigo mío que es periodista se le pidió escribir un artículo sobre el expresidente estadunidense Jimmy Carter. Carter dedicaba mucho tiempo entonces a Habitat for Humanity, organización que construía viviendas para los desamparados, así como para adictos en recuperación, familias de madres solteras y otras personas en extremas dificultades económicas. El único medio para acceder al expresidente era la oficina de prensa de Habitat, así que mi amigo llamó y preguntó si se le podía conceder una entrevista.

Se le concertaría con gusto, le dijeron, pero con un costo. A cambio de esa oportunidad, el periodista tendría que ofrecer a Habitat un día de trabajo físico.

"Acepté, por supuesto", recuerda mi amigo, "aunque sin saber en la que me metía. Después recibí una llamada para presentarme en cierta dirección del norte de Filadelfia a las ocho de la mañana de un día de agosto. El expresidente y la exprimera dama trabajarían ese día en una obra en construcción. Yo me uniría a su equipo, y podría hacer la entrevista al terminar la jornada.

"Al final", continuó el periodista, "aquél resultó un día horrible, a treinta y nueve grados y húmedo, con un sol brumoso y cegador. Me reuní con los demás miembros del equipo, incluidos los Carter. Tuvimos una breve junta para presentarnos y asignar tareas. Como mis habilidades para la construcción eran nulas, mi trabajo fue cargar cosas. Cargué tablas de dos por cuatro. Cargué tablarroca. Cargué montones de piezas de recubrimiento de vinil.

"Pero lo que importa no es lo que yo hice, sino lo que hicieron los Carter. Llámame cínico; supuse que el expresidente y la exprimera dama serían básicamente figuras decorativas. Pensé que aparecerían en ropa de trabajo, martillarían uno o dos clavos simbólicos y luego posarían para la foto y se marcharían a refugiarse en la sombra. Jimmy Carter había sido, después de todo, el líder del mundo libre. Prestaba su nombre y prestigio. ¿No era suficiente?

"Resultó *no serlo* para los Carter, y tengo que decir que mi cinismo fue humillado. La exprimera pareja trabajó tanto como cualquiera. Jimmy —así pidió que le dijéramos— cortaba vinil, inclinándose sobre una mesa enorme con una sierra eléctrica. Rosalynn tomaba medidas, colocaba el revestimiento y se cercioraba de que encajara. Se cubría con un sombrero grande, pero aun así estaba roja por el calor. El expresidente llevaba *goggles*, que se empañaban con la humedad.

"En el curso del día", recuerda mi amigo, "platiqué con los Carter. Pero la conversación consistió principalmente en cosas como 'Pon eso ahí' y '¿Está derecho esto?'. En otras palabras, el expresidente dejaba en claro que lo relevante no era él, sino la tarea. No estaba ahí como celebridad, sino como un ser humano que aplicaba su habilidad y sudor a una causa en la que creía de verdad.

"Trabajamos hasta las cuatro, momento para el cual había sido parcialmente construida y provista una casa, y todos estábamos sedientos y cansados. Se me acercó entonces el agente de prensa y me preguntó si estaba listo para la entrevista. Pero en ese momento comprendí que no necesitaba la entrevista; que, de hecho, estaría fuera de lugar. ¿Qué podía decir Carter que no hubiera *demostrado* ya? ¿Qué podía preguntarle yo que no hubiera respondido con sus actos? La entrevista se reduciría a palabras, mientras que el día había consistido en hechos.

"Así que sencillamente estreché la mano del expresidente y le agradecí el privilegio de haber trabajado a su lado. Carter contestó que ese trabajo era un privilegio para todos nosotros."

En el par de anécdotas anteriores han quedado al descubierto aparentes contradicciones del arte de retribuir.

Mi experiencia en *Spirit* me enseñó que la determinación de retribuir puede ser muy enriquecedora, pero que el proceso puede causar conflicto y frustración.

La anécdota sobre Jimmy Carter ilustra que, aun para un expresidente, es un privilegio hacer un trabajo físico pesado bajo un sol inclemente.

¿Cómo enfrentar estas paradojas? Yo digo: ¡aceptándolas y siguiendo adelante!

Esas contradicciones aparentes forman parte de la complejidad y riqueza de la vida. Si la vida es lo que hacemos de ella, y si queremos que la nuestra sea lo más plena y relevante posible, tenemos que buscar la voluntad necesaria para impulsarla.

Sí, dar de nosotros es extenuante... y arriesgado, un acto de autoexposición. Dar de nosotros enseña de qué estamos hechos, qué *podemos* dar.

No, nada garantiza que dar sea sencillo o cumpla todo lo que esperamos.

Lo que parece seguro es que dar de nosotros nos exigirá esforzarnos, aventurarnos más allá de nuestra zona de confort y salir de nuestras rutinas habituales.

Por esta razón, supongo que es natural que sintamos cierta resistencia a dar verdaderamente de nosotros. Lo sé porque yo mismo lo he experimentado.

Se imponen algunos antecedentes.

En mi familia se hacía una distinción clara entre *ganar dinero* y *acumular riqueza*. Mi padre resultó, desde luego, extraordinariamente apto para lo primero, pero eso estaba en función de su pasión por su trabajo, no de un afán de adquirir. Ganar dinero era la evidencia sólida de que sus corazonadas eran correctas, razonables sus análisis. También era el cumplimiento de su responsabilidad fiduciaria para con sus accionistas, ¡para quienes trabajaba muy bien! Si otros inversionistas querían invertir sus ganancias en yates o casas gigantes o lo que fuera, tenían esa prerrogativa, por supuesto. Pero ése no fue nunca el plan de mi padre. El plan de mi padre era retribuir la riqueza al mundo, que la había producido en primer término.

Hace poco más de una década, mis hermanos y yo fuimos reclutados en esa estrategia. En la navidad de 1999, nuestros padres nos dotaron de nuestras primeras fundaciones. El donativo fue de diez millones de dólares para cada uno, suma considerable, sin duda, pero manejable. Como cualquier otro proyecto humano, dirigir una empresa de beneficencia implica una curva de aprendizaje. Es inevitable que se cometan errores, ¡así que más vale mantenerlos en una escala menos que desastrosa!

En los años siguientes, mientras mi esposa, Jennifer, y yo adquiríamos seguridad y práctica en nuestro papel, mis padres continuaron añadiendo fondos a nuestra dotación. Cuando murió mi madre, en 2004, teníamos bajo nuestro cuidado más de cien millones de dólares.

Pero permítaseme hacer una admisión franca aquí: yo era muy ambivalente ante todo eso, y resultó muy afortunado que Jennifer fuera no sólo una socia activa, sino también sumamente comprometida, pues se hizo cargo de casi todo el trabajo administrativo, muy detallado, de la fundación.

En cuanto a mí, aún lidiaba con cuestiones básicas. Recuerda que había sido el niño tímido y más bien solitario que se consolaba en el piano. Mi interés en la fotografía había sido, al menos en parte, un medio para guardar distancia de los acontecimientos, permanecer como observador más que como participante. Como un sabio observó una vez, la gente no cambia, se intensifica; aun de adulto, me gustaba trabajar solo, en comunión con el teclado. Preservaba mi privacidad.

Al mismo tiempo, comprendía que, como hijo de mi padre y portador del apellido Buffett, sentía también un tirón hacia la vida pública. La fundación se convirtió en la maquinaria que ejercía ese tirón, y por un tiempo me resistí.

Me resistía por una simple, egoísta y muy comprensible razón: proteger mi vida. Mi carrera en la música. Mis tranquilas rutinas. Mi tiempo para leer o para sentarme en paz con mi esposa.

Obtenía gran satisfacción de todo eso. De lo que aún no me había percatado era de que, una vez que venciera mi resistencia y me arrojara sin reservas al ancho mundo por medio de la filantropía, habría satisfacciones mucho mayores que las que hubiera podido imaginar.

Llegó entonces el Big Bang.

En junio de 2006, mi padre ocupó las primeras planas de periódicos del mundo entero al anunciar que donaría la casi totalidad de su fortuna. La cifra en los titulares era treinta y siete mil millones de dólares, para la Bill and Melinda Gates Foundation. Mis hermanos y yo éramos notas al calce de la noticia, ¡con mil millones de dólares cada uno para nuestras fundaciones!

Lo mismo que a mi hermano y mi hermana, el plan se me había comunicado en secreto un par de meses antes. Mi primera reacción había sido llamar a mi padre por teléfono y decirle que estaba muy orgulloso de él. Fue lo único que se me ocurrió decirle.

Poco a poco —*muy* poco a poco— comprendí las implicaciones de la generosidad de mi papá. Jennifer y yo estábamos a cargo ahora de una muy significativa suma de dinero. ¿Qué debíamos hacer con él? ¿Era más sensato apoyar muchas causas o concentrarse en una o dos? Si esto último, ¿cómo elegiríamos? ¿Cómo nos entregaríamos a dar, antes que simplemente distribuir efectivo? ¿Cómo podíamos maximizar la ayuda que podíamos ofrecer? ¡Todo era sumamente confuso!

Te pido un poco de paciencia, porque quiero decirte algo acerca de un don de mi padre. A veces, en medio de una conversación, él pasa a algo que parece sólo tangencialmente conexo. Esto puede parecer desconcertante al oyente, pero por lo general resulta que esa transición es totalmente lógica, sólo que mi padre llegó a una asociación que el otro no había percibido aún.

Antes del anuncio público del donativo de mi padre, la familia se reunió en Omaha, y luego voló a Nueva York. Durante el vuelo, le conté a mi papá de mis dilemas en torno a la fundación; cuando menos me lo esperaba, él me preguntó si creía que el trabajo en la fundación tendría algún efecto en mi música.

La pregunta me pareció extraña, en especial por ser tan abierta. ¿Mi padre me preguntaba si la fundación me quitaría tiempo y atención para componer? ¿O sugería que el trabajo en ella podía aportar algo al proceso creativo? Respondí vagamente que no veía cómo o por qué una cosa afectaría a la otra.

¡Pero desde luego que mi trabajo en la fundación ha tenido impacto en mi música! ¿Cómo habría podido no ser así? Al parecer, mi padre lo advirtió antes que yo.

Mientras tanto, en los meses posteriores al Big Bang, Jennifer y yo pensamos mucho en cuál sería la misión y foco de atención de nuestra fundación. La llamamos NoVo, por la palabra latina que significa "cambiar, alterar o inventar". Pero ¿qué tipo de cambio era el que más esperábamos ver en el mundo? ¿Qué estrategias podíamos inventar o adoptar para contribuir a ese cambio?

Tras mucha introspección y numerosas reuniones con experimentados donadores y administradores, definimos unos cuantos principios de nuestro trabajo. Primero, evitaríamos lo que concibo como "colonialismo filantrópico". Ésta es la tendencia de (generalmente) personas desconocidas pero bienintencionadas a creer que conocen los retos de una población mejor que ella misma. Imaginando que comprenden mejor sus problemas, creen además que pueden imponer soluciones. Esto no sólo es arrogante y condescendiente; por lo común no da resultado. Así, nuestro método consistiría en brindar apoyo a personas que identificaran *sus propias* necesidades y generaran *sus propias* soluciones.

Segundo, adaptaríamos un añejo principio de negocios de mi padre: invertir en activos subvaluados. La idea es elegantemente sencilla: buscar algo que el mundo subestime, apoyarlo, no entrometerse y dar tiempo a que el mundo ponga al día su valuación.

Cuando nos pusimos a pensar qué activos humanos han sido subvaluados en muchos lugares alrededor del mundo, dimos con una respuesta tanto obvia como escandalosa: las niñas. La triste verdad es que las niñas son víctimas de desigualdad en muchas culturas. Los hijos van a la escuela; a las hijas, a menudo, se les impide hacerlo. Los niños reciben oportunidades para experimentar en el ancho mundo; las niñas, con demasiada frecuencia, son prisioneras de su familia y, más tarde, de su esposo. Esperábamos poder hacer algo para atacar esas desigualdades.

Adicionalmente, vimos en este método un maravilloso "efecto multiplicador". Las niñas de hoy son las madres de mañana. Si podíamos ayudar a promover mejor salud, mejor educación y más independencia económica entre las niñas, estos beneficios se transmitirían a las futuras generaciones. El donativo seguiría dando.

Una de las primeras iniciativas que apoyamos se centró en Liberia y Sierra Leona, naciones del oeste de África. Ayudamos a financiar escuelas que brindaban refugio seguro a las niñas, y que combinaban la educación general con alguna capacitación práctica. Las niñas aprendían a leer y escribir; también aprendían a coser, en máquinas de pedal que no requerían electricidad. Si alguna de esas jóvenes resultaba electricista, ¡tanto mejor! La idea era fomentar una gama de opciones más amplia. Capaces de sostenerse económicamente y de llevar sus cuentas, esas mujeres podían vislumbrar un futuro de independencia, y la dignidad que la acompaña.

Esta iniciativa dio ocasión a mi primer viaje a África, una intensa experiencia para mí. Nunca había visto un contraste tan drástico entre la pobreza material y la riqueza de alegría, esperanza y sentido comunitario. Me avergonzó, como occidental, tener tanto, pero más que tendamos a llenar nuestra vida de ansiedades y quejas insignificantes, mientras muchos africanos que conocí, quienes no podían dar por sentados ni siquiera los alimentos y techo básicos, encaraban la vida con serenidad, valor y humor. ¿Qué podía hacerse para cerrar, así fuera un poco, esa desmedida brecha de circunstancias materiales? De igual manera, ¿qué teníamos que aprender en Occidente de sociedades centradas en la comunidad antes que en el progreso personal, en la integridad espiritual más que en la implacable ambición?

De regreso en casa, seguí tratando de procesar las complejas emociones de ese viaje. ¿Qué hice entonces? Me senté al piano y compuse una canción. ¡*Claro*, eso fue lo que hice! ¿Acaso no *siempre* había acudido al teclado para intentar expresar ideas y sentimientos que se escurrían en cierto modo entre los significados ofrecidos por las palabras? ¡Fue como tocar "Yankee Doodle" en clave menor, cuando tenía siete años! Había algo en mi mente y en mi corazón. La música era el medio para sacarlo.

La pregunta aparentemente *incongruente* de mi padre se volvió, así, una profecía. Mi vida musical y mi trabajo en la fundación iban en camino de entretejerse, y de entrelazarse cada vez más, como los filamentos del ADN.

Poco después me presentaron a Akon. Para ser franco, hasta entonces no había oído hablar de este artista, lo que demuestra el carácter relativamente provinciano de la cultura estadunidense, pues en muchos lugares del mundo Akon ya era una gran estrella pop. Él oyó mi canción sobre mi experiencia en Liberia, y me pidió mandársela. Acabó por remezclar la pista y cantarla también.

Así nació una alianza entre la música y el activismo que, espero, aún se halla en sus primeras etapas. En 2009 Akon y yo cantamos juntos otra canción mía, y tuvimos el honor de presentarla en la Asamblea General de las Naciones Unidas.

Así que aquí me tienes, a los cincuenta años de edad, con una vida llena de satisfacciones más resonantes que las que habría podido imaginar. Como toda vida, la mía ha tenido tanto unidad como evolución. Soy el mismo que cuando tenía diez o treinta años, pero, con el tiempo, mi atención se ha desplazado gradualmente *al exterior*. Conforme he madurado, pienso menos en lo que necesito, porque la difícil y crucial labor de la juventud ya se ha cumplido en gran medida, ¡aunque nunca del todo! He descubierto mi llamado y me he comprometido con él. He demostrado lo que tenía que demostrar, sobre todo a mí mismo. Ahora mi énfasis es seguir cruzando fronteras, tanto musicales como filantrópicas, para continuar creciendo y tener más que dar.

Para ser honesto, estoy orgulloso de la vida que he hecho. Mi orgullo es moderado por la gratitud, por un reconocimiento sincero de lo afortunado que he sido. Aun así, cada vida tiene sus retos; uno de los míos, como dije al principio, ha sido aprovechar al máximo una situación privilegiada. Creo que lo he hecho bien.

Pero permíteme ser claro: pienso que *todos* deberíamos estar orgullosos de nuestra vida, porque hacer una vida es la oportunidad grandiosa y sagrada que compartimos desde siempre todos los nacidos en este mundo. *La vida es lo que hacemos de ella.* Nadie más puede hacerla por nosotros; nadie tiene el derecho a decirnos cómo deberíamos hacerla.

Nosotros establecemos nuestras metas. Definimos nuestros éxitos. No elegimos dónde iniciar nuestra vida; pero elegimos el tipo de personas en que nos convertiremos.

Epílogo. Comienza ya

He aquí una cita que siempre me ha encantado. Se ha atribuido al gran poeta alemán Goethe, aunque sin prueba definitiva de autoría. Sea como fuere, este breve pasaje alude a algo de lo que estoy profundamente convencido, y que condensa a la perfección gran parte de lo que he dicho en estas páginas.

> Hasta que uno se compromete, priva la vacilación, el riesgo de retroceder. En lo concerniente a todos los actos de iniciativa y creación, existe una verdad elemental, ignorarla destruye incontables ideas y espléndidos planes: la de que en el momento en que uno se compromete definitivamente, la Providencia también actúa. Ocurre entonces toda suerte de hechos afortunados que de otra manera jamás habrían acontecido. Un torrente de sucesos emerge de esa decisión, que pone a favor de uno toda clase de incidentes, encuentros y asistencia material imprevistos, como nadie habría soñado cruzarse en su camino. Lo que puedas hacer o soñar, sea lo que sea, empréndelo. La audacia lleva en sí genio, poder y magia. Empieza ahora mismo.

¿Por qué me encanta esta cita? Principalmente, porque hace énfasis en el *compromiso*.

El poder y la magia a los que este pasaje se refiere, ¿de dónde proceden? *No* de un talento excepcional o una inteligencia excepcional o *cualquier cosa* excepcional. La fuente del poder es, más bien, algo de lo que todos somos capaces, parte de nuestro depósito compartido de potencial humano: la posibilidad de comprometernos con una vocación, de elegir un camino y seguir adelante con determinación y paciencia.

¿Y la "Providencia" que se menciona en la cita? Como debería estar claro para este momento, personalmente no suscribo ninguna ortodoxia religiosa particular, y desconfío de todo punto de vista que honre a un sistema de creencias sobre los demás. Así que déjame dar mi interpretación metafórica de la noción de la Providencia.

La veo no como una fuerza aparte que existe *fuera de* nosotros, sino como una insospechada reserva de fuerza, valor e intuición *dentro de* nosotros, y que termina por florecer plenamente sólo cuando nos comprometemos y concentramos con todo nuestro corazón.

Todos hemos sabido de madres que levantan autos para liberar a niños atrapados, y de víctimas de sismos que sostienen techos para que sus seres queridos puedan escapar. Nadie que haya vivido el 11 de septiembre olvidará jamás el espectáculo de bomberos precipitándose sobre edificios en llamas mientras, presas de pánico, los civiles salían corriendo. Éstos son, evidentemente, actos extraordinarios en circunstancias extraordinarias, pero creo que apuntan a verdades básicas y redentoras que también se aplican a la conducta diaria en la vida:

> *Somos más fuertes de lo que creemos.*
> *Tenemos una valentía que no reconocemos hasta que la necesitamos.*
> *Somos capaces de vencer retos que ni siquiera podemos imaginar.*

¿Qué es lo que nos permite aprovechar esas reservas de fuerza y valor, y descubrir lo mejor de nosotros?

Compromiso, osadía y determinación de forjar nuestra propia vida.

Al escribir estas líneas, la economía global se hallaba en estado de profunda y preocupante incertidumbre. El desempleo era alto; los dueños de casas enfrentaban la ejecución de sus hipotecas, y las compañías la quiebra; industrias enteras se contraían o volvían obsoletas. Los ancianos temían por sus pensiones y sus ahorros para el retiro; los jóvenes veían un futuro lleno de obstáculos y peligros.

Quizá para cuando leas este libro, las perspectivas económicas hayan mejorado. Pero tal vez no. Al parecer, nadie lo sabe. *Yo* ciertamente no. Aun mi padre, legendario por su discernimiento y franqueza ante asuntos financieros, ha reconocido sincera y públicamente estar confundido esta vez. Parece que nadie ha visto nunca nada igual a lo que presenciamos.

Menciono estos retos económicos no para deleitarnos en la fatalidad y el pesimismo. Al contrario, creo que estos tiempos desconcertantes constituyen una oportunidad difícil pero maravillosa.

Mientras cómodos supuestos parecen derrumbarse, nos vemos obligados a mirar el mundo —y nuestras posibilidades— con nuevos ojos. ¿Y si ciertas opciones profesionales "seguras" ya no son tan seguras, después de todo? ¿Y si no podemos suponer que ganaremos más dinero este año que el pasado, que seremos automáticamente más ricos a los cincuenta que a los treinta? ¿Y si nos atrevemos a admitir que la "seguridad en el empleo", aunque consoladora, es a menudo una ilusión?

En abril de 2009, *The New York Times* publicó un artículo titulado "¿Es buen momento para perseguir un sueño profesional?". La autora, la consultora profesional Pamela Slim, observaba que muchas, si no es que la mayoría de las personas tienen una carrera fantástica, además de su trabajo real. En muchos casos, lo cual no es de sorprender, la carrera fantástica es mejor remunerada y más prestigiosa que el empleo real. Pero también hay muchos casos en los que se aplica una dinámica muy diferente.

Muchas personas ya no fantasean con dinero, sino con más libertad. No con más poder, sino con menos tensión. No con más prestigio, sino con más satisfacción creativa. Un gerente de proyecto de tecnología de información soñaba con dirigir expediciones a las montañas. Un empresario exitoso fantaseaba con ser conductor de United Parcel

Service; anhelaba orden, coherencia, ejercicio, una serie clara de tareas por realizar cada día de labores.

¿Qué pasaba ahí? En mi opinión, esos asombrosos "empleos de ensueño" representan una liberación del pensamiento estándar y los sesgos convencionales, un sano retorno a la pregunta básica de la infancia acerca de qué nos gustaría ser de grandes.

Y esto plantea otra pregunta simple: *¿por qué no* hacemos lo que nos gusta?

No hablo de opciones frívolas, autocomplacientes o negligentes.

Hablo de opciones que reflejen nuestros valores *personales*, y que brinden el mayor alcance posible a nuestros talentos y creatividad particulares.

Si te atrae la música, o la pintura, o la escritura, ¿por qué no la persigues?

Si la enseñanza parece ofrecerte realización, ¿por qué no eliges ese camino?

Si te atrae el trabajo al aire libre lejos de los centros de comercio y riqueza, ¿por qué no te marchas allá?

Existen, desde luego, muy impactantes "porqués no" que considerar cuando se toman esa decisiones poco convencionales. Las carreras en las artes son notoriamente inciertas. El trabajo en profesiones asistenciales como la enseñanza y la enfermería no tiende a recompensarse con el dinero o prestigio que merece. Alejarse de la acción de las grandes ciudades requiere cierta independencia.

Parece ser un hecho de la naturaleza humana, además, que cuando los tiempos económicos son difíciles, la gente se vuelve más cauta, más conservadora en las opciones que se permite.

Esta cautela es comprensible, supongo. Pero piensa en esto: ¿acaso no debería ser cierto lo contrario?

Si aun las más convencionales sendas profesionales de maestría en administración de empresas están plagadas de riesgos y escollos, ¿no es ésa una razón para permitirse una gama de opciones más amplia?

Si cierta versión del "éxito" basada en el dinero se ha empañado, ¿no es ésta una oportunidad para definir por nosotros mismos una noción de éxito más amplia y humana?

Si la riqueza material creciente ya no puede darse por sentada, ¿no tiene sentido hacer más énfasis en el tipo de riqueza que se mide en realización personal y tranquilidad de conciencia?

Éste es un libro muy personal, así que permíteme terminarlo con una nota personal.

Como dije desde el principio, no reclamo ninguna pericia especial en la conducción de la vida, y menos aún en el misterio del significado de la vida. No es mi ambición que se me considere orientador. Aquí y allá en estas páginas me atrevo a ofrecer consejos, y no me disculpo por eso. Hay ciertas cosas que creo apasionadamente ciertas. Cuando he podido argumentar a favor de esas verdades, cuando he creído que puedo ofrecer claridad y perspectiva, no me he abstenido de hacerlo.

Pero, desde mi punto de vista, ofrecerte consejos, amigo lector, es sólo una pequeña parte de este libro. Ante todo, ha sido un medio para que yo pensara en voz alta.

"No vale la pena vivir sin pensar." Platón escribió esto, lo cual no ha hecho sino volverse más cierto en los dos milenios y medio entre su época y la nuestra. La vida avanza cada vez más rápido; cada vez está más llena de distracciones. Al recargarse la periferia —de teléfonos celulares, mensajes instantáneos, el bombardeo sin tregua de los medios—, es cada vez más difícil filtrar el ruido, recordar dónde está el centro. Este libro me ha dado la oportunidad de sentarme en paz y disfrutar del gran lujo de algo de tiempo de calidad en y alrededor de ese centro.

¿Qué encontré ahí?

Básicamente, encontré gratitud.

Gratitud a mi madre, por sus lecciones vitales de tolerancia, confianza y curiosidad ilimitada sobre los seres humanos. Gratitud a mi padre, por su ejemplo de autodisciplina, trabajo y persecución incansable de un destino elegido por él mismo. Gratitud a mi esposa, por su auténtica compañía en todas las cosas que nos importan mientras seguimos creciendo como individuos.

Descubrí mayor gratitud, también, por la música. Siempre la he amado, desde luego; ahora la veo nada menos que como un milagro. Que ciertos tonos y ritmos puedan brindar consuelo y alegría, derribar barreras entre personas y decir cosas que las palabras no pueden, ¡es increíble! Participar en el milagro de la música como compositor y ejecutante ha sido, y sigue siendo, un enorme privilegio para mí.

No todo lo que descubrí en el centro de mis pensamientos fue tan agradable, claro. Al mirar mi personalidad de joven, encontré muchos motivos para devanarme los sesos.

¿Habría podido aprovechar mejor mis oportunidades de educación formal? ¿Por qué tardé tanto en aceptar mi llamado musical? ¿Por qué permití que mis inseguridades me controlaran en tal o cual momento? ¿Por qué, aun como supuesto adulto, cometí ciertos disparates que, en retrospectiva, parecen obvios y evitables?

No tengo respuestas infalibles a estas preguntas. Pero escribir este libro me brindó un marco útil para considerarlas. Considerarlas *tranquilamente*, sin excusas ni vergüenzas, sin el corrosivo residuo de culpa que suele atribuirse a errores que *no* admitimos. No puedo aniquilar mis errores; no puedo desconocerlos. Lo que sí he podido hacer es aprender de ellos, aceptarlos como parte de la combinación de cosas que han vuelto mi vida exclusivamente mía.

Pero los errores son una cosa; el arrepentimiento otra. Los errores ocurren y generalmente pasan. El arrepentimiento permanece. Un error es un hecho. El arrepentimiento es atmosférico.

Está de moda, me parece, negar que se tienen arrepentimientos; asegurar que, si se pudiera volver a vivir, se viviría exactamente igual. Francamente, creo que eso es una tontería jactanciosa, o síntoma tal vez de una vida *sin* análisis. En el curso de años y décadas, tienden a acumularse arrepentimientos grandes y chicos. ¿Cómo podría no ser así, dada la gran cantidad de opciones que enfrentamos cada día, de veces en que se nos reta a estar a la altura de las circunstancias? Los arrepentimientos no son otra cosa que evidencias de haber vivido; son como los raspones y cicatrices que recubren nuestras rodillas y codos. La buena noticia es que, después de un rato, ya no duelen; pero es deshonesto pretender que no están ahí.

Cuando pienso en mis arrepentimientos, emerge un patrón sutil pero persistente: mis pesares se acumulan alrededor de aquellos momentos en que no seguí el consejo de la cita de Goethe con la que empecé este epílogo.

Me arrepiento de mis titubeos.

Me arrepiento de las veces en que no aprecié debidamente el misterioso poder del *compromiso*.

El compromiso mueve al mundo. Nos impulsa y nos sana; es combustible y medicina al mismo tiempo. Es el antídoto contra el arrepentimiento, la apatía, la falta de fe en uno mismo. El compromiso derriba puertas cerradas y nivela caminos accidentados. Engendra seguridad, y la *justifica*. Amplifica nuestros esfuerzos, pues emplea esos útiles recursos sin usar hasta que resolvemos descubrirlos y utilizarlos.

Así que, para terminar, te diré lo mismo que me he dicho miles de veces:

Tú debes crear tu vida. Agradece la oportunidad de hacerlo. Aprovéchala con pasión y arrojo. Sea lo que decidas hacer, comprométete con eso con todas tus fuerzas... y comienza ya.

¿Qué esperas?

Agradecimientos

Gracias a Laurence Shames, excelente editor y escritor vuelto buen amigo, por sus invaluables contribuciones, a Richard Pine por su orientación, a Lydia Loizides por la idea y a John Glusman por creer en ella.

Gracias a quienes me han ayudado a hacer de mi vida lo que es: mis padres, mis abuelos Bill y Dorothy Thompson, Howie y Susie Buffett, Pam Buffett, Tom Rogers, Letha Clark, Kent Bellows, Lars Erickson, Layne Yahnke, Frankie Pane, Bill Buffett, Erica y Nicole Buffett, mi esposa Jennifer y todos los que me han dado, siguen dándome y me darán lecciones de vida.

Acerca del autor

El músico premiado con un Emmy **Peter Buffett** cuenta con una aclamada carrera de más de veintiocho años como autor de canciones, productor, ejecutante y compositor profesional para cine y televisión. Fue la mente musical detrás de muchos de los primeros récords de MTV de los años ochenta, y del culminante *crescendo* en la escena memorable de "Fire Dance" en la película de los años noventa *Danza con lobos*, ganadora del Oscar.

Ha sido aclamado por la crítica por su música inspirada en los indios estadunidenses, en particular por la partitura íntegra de *500 Nations*, miniserie de ocho horas de CBS premiada con un Emmy y producida por Kevin Costner, y por la producción musical *Spirit: The Seventh Fire*, espectáculo de inspiración indígena que incorpora danza nativa en vivo, coros y materiales visuales de escala Imax (estrenado en el National Mall como parte de la ceremonia de inauguración del Smithsonian's National Museum of the American Indian en Washington, D.C.).

En los últimos años empezó a experimentar con voces y un sonido pop/rock más ecléctico. Sus trabajos más recientes combinan elementos de rock suave y progresivo en la vena de Simon y Garfunkel, y Beck.

Ha colaborado con el cantante Akon, nominado al Grammy, en el lanzamiento de dos canciones inspiradas en los derechos humanos, una de las cuales se estrenó en un acto especial de la Asamblea General de la ONU. Fue asimismo el único hombre en presentarse en la celebración Eve Ensler's Tenth Anniversary V-Day en Nueva Orleans.

Para más información, visita www.peterbuffett.com

Esta obra se imprimió y encuadernó
en el mes de septiembre de 2011
en los talleres de Dédalo Offset S.L.,
que se localizan en la
calle Vázquez Menchaca nº 9,
Polígono Industrial Argales,
47008 Valladolid (España)